Eberhard / Drueler

Stuttgart, 7.3. 1980

EBERHARD TRUMLER
MEINE TIERE, DEINE TIERE

PIPER-PRÄSENT

EBERHARD TRUMLER

Meine Tiere, deine Tiere

R. PIPER & CO VERLAG
MÜNCHEN ZÜRICH

Mit 10 Zeichnungen von Franzi Fuchs

ISBN 3-492-02149-2
© R. Piper & Co Verlag, München 1976
Gesamtherstellung: H. Mühlberger, Augsburg
Gesetzt aus der Walbaum-Antiqua
Printed in Germany

Inhalt

»Don« 7
Das Forschen und der Schnaps 11
Erste Hilfe für Papageiensüchtige 23
Gemütlich, aber stur: Landschildkröten . . . 28
Kaninchen 36
Meerschweinchen beißen nicht 41
Der Elefantenigel 44
Warum nicht einmal Kröten? 54
Wellensittiche 61
Das »Ketzer-Aquarium« 65
Goldfische 72
Frosch im Glas 75
Abstand halten – auch bei Pferden 80
Familie mit Hund 83
Wie man Welpen erzieht 86
Dingos im Haus 90
Wohngemeinschaft mit Tieren 95
Gute Ehe bei Kanarienvögeln 101
Tiere zum Davonlaufen 104
Klein – aber oho! 114
Die Lebensgemeinschaft der Mäuse . . . 126
Weiße Mäuse in Groß 130
Von den »bösen Hunden« 138
Katzen sind besser als ihr Ruf 143
Vom Ordnungssinn der Katze 148
Kroka, die Nebelkrähe 153

»Don«

Don war der Jagdspaniel meines Vaters, der vor rund fünfzig Jahren ins Haus kam. Da er das erste Tier meines Lebens war, mit dem ich engsten Kontakt hatte und an das ich mich noch gut erinnern kann, sei ihm das erste Kapitel dieses Büchleins gewidmet.

Als der Welpe ankam, hatte ich es noch nicht so besonders mit dem Laufen, denn aus einer unerfindlichen Laune der Natur heraus war ich damals mehr breit als hoch. Meine Hinterbeine hatten demgemäß eine Grundform, die der eines achtwöchigen Welpen sehr ähnlich war, und so kam es, daß Don und ich schon vom Figürlichen her von Anfang an gut harmonierten. Und es mag sein, daß dies auch einer der Gründe war, warum mich eine Muttersau, in deren Auslauf ich gekrochen war, um mit den Ferkeln zu spielen, wütend gegen meine Leute verteidigte.

Wie der Leser daraus ersehen kann, bin ich auf dem Lande aufgewachsen und war demgemäß von den genannten Beinen an mit Tieren eng verbunden. Aber weil alles sich im Spiel entwickelt, was den späteren Menschen ausmacht, waren meine allerersten Beziehungen zu Tieren rein spielerischer Natur. Mit dem Forschen begann ich erst ein Jahr später. Aber bleiben wir beim Spielen.

Don und ich waren also von Anfang an unzertrennliche Gefährten und hatten bald auch ein Lieblingsspiel, in dem wir es – so auch die Berichte meiner Eltern – zu einer gewissen Meisterschaft brachten, obgleich die Überwindung gewisser Hindernisse uns damals aus körperbaulichen Gründen enorme Schwierigkeiten bereitet haben mußte. Es handelte sich um ein Versteckspiel, das abwechselnd mit vertauschten Rollen ausgeführt wurde: Einer von uns kletterte auf das Sofa – es war so ein vorsintflutliches Möbelstück mit geschwungenen Beinen und daher durchaus stilgerecht für Don und mich – und wartete, bis der andere darunter verschwunden war. Daraufhin kletterte er wieder herunter und kroch dem anderen nach, um ihn unter großem Stimmaufwand wieder hervorzuholen. Worauf der andere das Sofa bestieg und so weiter. Es ist anzunehmen, daß dieses Spiel weniger der geistigen Ertüchtigung diente, als vielmehr der Abreaktion des angeborenen Bewegungsbedürfnisses. Was sicherlich – da das Erklettern der ziemlich hohen Couch bestimmt nicht so einfach gewesen sein muß – auch dazu beigetragen haben dürfte, daß wir beide am Ende doch noch gerade Hinterextremitäten bekamen. Aber es ist auch verständlich, daß wir bei solchen Anstrengungen bald ermüdeten. Dann legten wir uns auf dieses Sofa und schliefen gewissermaßen Arm in Arm ein. Kontaktliegen ist nicht nur Welpen, sondern auch Kindern ein Bedürfnis.

Natürlich machten sich meine Eltern über diese engen körperlichen Kontakte zwischen Kind und Hund so ihre Sorgen. Der befragte Hausarzt, der den Hund sehr liebte, beruhigte meine Eltern, und auch der Tierarzt, der mich frei von Staupe, Hepatitis und Leptospirose befunden hatte, versicherte meinen Eltern glaubwürdig, daß dem Hund nichts geschehen könnte.

So lebten wir also in ungetrübter Harmonie weiter zusammen, bis bei mir im Alter von etwa dreieinhalb Jahren der Forscherdrang erwachte.

Meine erste, sehr klar umrissene Fragestellung lautete: »Was Wauwau tun, wenn Hadschi (Anm.: Abkürzung von Eberhard) in Ohrli blast?«

Ich habe diese Frage mit aller Akribie gelöst, und zwar, wie ich mit berechtigtem Stolz sagen darf, unter Hintanstellung meiner persönlichen Sicherheit, bereit, mich für die Wissenschaft zu opfern. Das Ergebnis war so eindeutig, daß es bis heute noch von keinem Forscher widerlegt werden konnte. Ich machte eben Nägel mit Köpfen!

Das hierzu erforderliche Experiment war klar vorbedacht. Da der achtmonatige Hund auf alle meine Annäherungen mit Spielverhalten reagierte, mußte ich einen Augenblick abwarten, in dem er stark abgelenkt war. Ich sah die Gelegenheit in dem Moment, als er sich an der Futterschüssel befand und sich mit dem Eifer eines Junghundes seiner Mahlzeit konzentriert widmete. Ich näherte mich vorsichtig, hob ganz sanft das linke Schlappohr hoch und pustete nun kräftig hinein.

Anschließend begab ich mich zur Behandlung ins Wohnzimmer, wo die Eltern beim Kaffee saßen. Sie jagten mir einen entsetzlichen Schrecken ein, da sie beide unisono aufbrüllten. Möglicherweise, weil sich über den guten Teppich eine breite Blutspur hinzog, vielleicht waren sie aber wirklich der Meinung, daß ich das rechte Auge verloren hätte. Ich hatte damals eine ausgesprochen masochistische Phase, war mir wohl auch dessen bewußt, daß ich das erste Forschungsergebnis meines Lebens in Händen hatte, und so erfüllte mich das strömende Blut mit stolzer Freude. Das »Mama – da schau her – bluten!« wurde in unserer Familie zum Sprichwort.

Was ich in Händen hatte, war natürlich auch Blut, das sowohl oberhalb als auch unterhalb des Auges hervorströmte. Die Narben sind bis heute beweiskräftig sichtbar.

Jedenfalls schleppte man mich im Dauerlauf zum nahe wohnenden Arzt, der feststellte, daß das Auge heilgeblieben war und meinen Eltern riet, mich zu verprügeln, da ich das liebe Hunderl belästigt habe. Er war ein Mann von Gemüt.

Da ich das Glück hatte, noch im Zeitalter der autoritären Erziehung aufzuwachsen, habe ich jene Prügel vermutlich auch bekommen.

Jener kleine Zwischenfall, als Don, durch meine Maßnahme erschreckt, zur Seite geschnappt hatte, um das lästige Insekt zu vertreiben, konnte unsere Freundschaft nicht trüben, und da auch ich inzwischen meine Gehwarzen zum Laufen benutzen konnte, tollten wir viel in Hof und Garten umher – wenn Don nicht mit meinem Vater in den Revieren des östlichen Burgenlandes unterwegs war.

Leider währte das Glück nicht mehr lange. Wir verreisten für kurze Zeit, und mein Vater hatte Don zu einem Bauern gegeben. Dort stand er im Hochsommer, während die Leute bei der Feldarbeit waren, in einem schattenlosen Hof. Sein unrühmliches Ende war ein Hitzschlag.

Noch viele andere Hunde kamen und gingen, aber Don ist mir unvergeßlich geblieben und lebt in meiner Erinnerung weiter. Ins Ohr geblasen habe ich seither keinem Hund mehr.

Das Forschen und der Schnaps

Eigentlich hat alles ganz harmlos angefangen, und niemand hätte damals gedacht, auf was für skurrile Gedanken man kommen kann, wenn man Verhaltensstudien an Zebras betreibt. Zebras, jene hübsch gezeichneten Tigerpferde, sind nun zwar keine ausgesprochenen »Heimtiere«, aber sie können bei richtiger Handhabung gelegentlich recht passable Stall- und Koppelbewohner werden. Ganz geschickte Leute haben es sogar schon fertiggebracht, sie vor Kutschen zu spannen oder zu reiten. Besonders die aus höher gelegenen Steppengebieten Ostafrikas stammenden Grant- und Böhmzebras passen sich recht gut unserem Klima an und entwickeln im Winter ein dichteres, längeres Fell. Ich kannte eines, das bei minus zwei Grad Celsius geboren wurde und sich zu einer prächtigen Stute entwickelte, die bereits zwei Jahre später ein eigenes Fohlen führte.

Das war im »Dr. Georg von Opel-Freigehege für Tierforschung«, wo auch die folgende Geschichte passierte. Zunächst lebten da ein Böhmzebra-Hengst und seine Stute auf einer großflächigen Wiese, wo sie nicht nur ausreichend Gras rupfen, sondern auch unbehindert umhertollen konnten. Ich nutzte diese Möglichkeit, die Verhaltensweisen dieser Tiere zu beobachten und zu fotografieren.

Die beiden Zebras waren nicht besonders zahm – sie wichen dem Menschen geflissentlich aus. Anfangs ließen sie mich nie näher als zwanzig Meter heran – ich hätte da schon ein kleines Teleobjektiv gebraucht, um gute Bilder zu bekommen. Aber das änderte sich innerhalb einer Woche. Die Tiere gewöhnten sich an meine Anwesenheit, hatten erkannt, daß ich eigentlich gar nichts von ihnen wollte und verloren die Scheu soweit, daß sie zuletzt auf acht Meter Entfernung an mir vorbeiweideten, wenn ich ganz brav und still am Boden saß.

Auf diese Weise brachte ich vierzehn Tage lang im Zebragehege zu und dachte darüber nach, daß Verhaltensforschung doch so recht eine Beschäftigung für Leute ist, die nicht arbeiten wollen und lieber auf sonniger Wiese im Grase ruhen. Zehn Tage lang ist's wirklich wie Urlaub. Aber dann wird's fad ... Da lag, saß, hockte und stand ich herum wie bestellt und nicht abgeholt. Natürlich drückte ich öfter auf das Knöpfchen meines Fotoapparates, aber auf den Bildern war nichts weiter zu sehen als weidende, gehende, ruhende Zebras – nichts, was irgend etwas Besonderes zeigte. Es war zum Einschlafen, und ich begann in meiner Verzweiflung wenigstens zu registrieren, zu welcher Tagesstunde sie hier und zu welcher dort weideten, wo sie am liebsten ruhten und wie lang, wo sie ihren Wälzplatz hatten und wann und wie lange sie sich dort wälzten. Manchmal guckten sie zu mir

herüber, und ich hatte den Eindruck, daß sie sich über mich lustig machten. Ich bekam Komplexe.

Wie sollte aus dem wenigen, was ich da zu sehen bekam, eine fundierte wissenschaftliche Arbeit entstehen? Sogar eine der Hauptfragestellungen, nämlich das »Komfortverhalten« zu analysieren, schien wenig Aussicht auf Erfolg zu haben. Waren die Tiere nahe genug heran, um gut ins Bild zu kommen, taten sie nichts außer Gehen und Grasen. Wenn sie sich aber wälzten, mit dem Hinterhuf am Ohr kratzten, lästige Fliegen mit dem Vorderhuf vom Bauch verscheuchten oder sonst was taten, was fotografierenswert gewesen wäre, waren sie so weit weg, daß die Fotos nicht viel brachten. Ich war wütend auf die Zebras und wütend auf mich – hätte ich mir doch rechtzeitig ein Teleobjektiv besorgt!

Aber noch etwas kam mir in diesen endlosen Stunden des Wartens in den Sinn. Ich konnte mich des Gefühls nicht erwehren, daß sich die Zebras freier, gelöster, natürlicher verhalten würden, wenn ich nicht ununterbrochen meine Augen auf sie heften würde. Wenn ich nicht ständig mit nervöser Spannung darauf wartete, daß endlich was geschah. Wenn ich nicht dauernd in der Angst lebte, daß gerade dann, wenn wirklich etwas geschah, der Film gewechselt werden mußte. Es ist eine Tatsache, die jeder kennt, der ähnliche Dinge macht. Immer, wenn man gerade umständlich den Film wechselt, passiert etwas, was ganz besonders wert gewesen wäre, festgehalten zu werden!

Ob man dabei auf den Gedanken kommen könnte, daß die Konzentration auf dieses technisch wirklich unausgereifte Filmwechseln – bei dem man häufig versucht ist, schlecht über die Fotoindustrie zu denken – die Tiere von dem Streß befreit, unter Beobachtung zu stehen? Damals kam ich noch nicht auf diese Idee. Unterschwellig vielleicht.

Eines Abends trottete ich nach einem Besuch des hübschen Weinlokals in Königstein zurück in das Freigehege. Es war eine schöne, helle und warme hochsommerliche Mondnacht, viel zu schön, um schlafen zu gehen. Ich blieb eine Weile vor dem Ze-bragehege stehen, um den Tieren zuzusehen. Sie weideten friedlich dahin, obgleich es schon so gegen zehn Uhr war. Dann ging ich hinüber zum Elefan-tenstall – Opeline und ihre beiden Bullen Conti und Vauka lagen schlafend in Seitenlage hingestreckt. Sie mußten sehr müde sein, denn sie kümmerten sich nicht um mich.

Da kam mir auf einmal eine Idee: Wäre es nicht interessant, wenn ich festhalten würde, was die Ze-bras nachtsüber tun? Wann gehen sie schlafen, wann stehen sie auf? Und weil die Nacht so wun-derschön war, ging ich in das Zebragehege und lehnte mich an den Zaun, um zu sehen, was die beiden »Pferde im Pyjama« so trieben.

Einige Minuten später kam die Stute anmar-schiert – direkt auf mich zu. Hinter ihr stapfte der Hengst durch das Gras. Die beiden kamen immer näher, und mir wurde ein wenig mulmig. Hatten sie mich nicht bemerkt? Was würde geschehen, wenn sie mich im letzten Moment entdeckten – würden sie erschrecken? Ich bewegte mich, einmal, um den Tieren meine Anwesenheit zu verraten, zum anderen, um gegebenenfalls über den Zaun retirieren zu können. Im fahlen Mondlicht wirkten die Zebras unheimlich groß!

Zwei bis drei Meter vor mir hielt die Stute an, senkte den Kopf und beschnupperte den Boden. Jetzt erst nahm ich wahr, daß ich ganz dicht an dem Wälzplatz stand, jener Bodenstelle, wo die Zebras die gesamte Grasnarbe weggearbeitet hatten, um sich im Staub wälzen zu können. Im nächsten Augenblick ließ sich die Stute auf den Boden nieder und wälzte sich unbekümmert. Sie kam mir dabei mit den Hufen so nahe, daß ich unwillkürlich einen Schritt zurückwich. Nach ausgiebigem Staubbad sprang sie wieder auf und schüttelte sich. Anschließend ging sie einige Meter nach rechts und legte sich in das Gras. Nun benützte auch der Hengst das Staubbad, marschierte dann zu seiner Stute und legte sich neben sie.

Ich stand da wie weiland Loths Weib und verstand zunächst gar nichts. Vage erinnerte ich mich an Schilderungen von Afrikareisenden, die erzählten, daß die Steppentiere, auch die Zebras, des Nachts oft unmittelbar am Kamp vorbeizogen, sogar durchlatschten. So, als ob das Scheusein nur bei Tag Gültigkeit habe. Konnte diese plötzliche Unbekümmertheit der Zebras damit etwas zu tun haben?

So ging ich langsam zu den ruhenden Tigerpferden, umkreiste sie erst in vier, dann in drei, schließlich in zwei Meter Entfernung. Das eine oder andere Tier hob zwar gelegentlich den Kopf, fand aber offensichtlich, daß es sich nicht lohnen würde, sich von dem komischen Verhaltensbeobachter in seiner

Ruhe stören zu lassen. Nach einer Weile legten sich die Zebras sogar auf die Seite und streckten alle Viere von sich. Ich dicht daneben.

Das glaubt mir kein Mensch, sagte ich zu mir, kletterte über den Zaun, holte Foto und Blitz und machte in Farbe und Schwarz-Weiß ungezählte Aufnahmen von den ruhenden Zebras. Vor allem schoß ich auch etliche Nahaufnahmen, um festhalten zu können, wie dicht ich an die beiden herangekommen war. Schließlich waren mir die Filme ausgegangen, und so lief ich nochmals ins Büro, zog mich schnell um, nahm mir eine Decke und neue Filme und ging wieder zu den ruhenden Zebras.

Als ich ankam, hoben sie nur unwillig den Kopf, um gleich darauf weiterzuschlafen. Ich breitete die Decke aus und setzte mich dazu. So konnte ich beobachten, daß sie beim Schlafen öfter die Stellung wechselten und sie dabei aufstanden, sich ein- oder mehrmals im Kreis drehten, um sich wieder in das Gras fallen zu lassen. Alles so dicht neben mir, daß ich oft Angst hatte, eines der Tiere würde auf mich treten.

Als um drei Uhr morgens im Osten das Schwarz des Nachthimmels aufblaßte, erhob sich die Stute erneut, aber sie legte sich nicht mehr hin. Eine Weile stand sie so, die Augen auf den Hengst gerichtet, der noch recht müde zu sein schien. Schließlich stupste sie ihn mit der Nase an. Der Hengst blies nur durch die Nüstern, hielt aber offenbar nicht viel vom Aufstehen. So wurde die Stute energischer und stieß ihn kräftig mit dem rechten Vorderhuf an.

Erst daraufhin erhob sich der Hengst träge, und bald danach zogen sie nebeneinander grasend über die Weide. Ich konnte ganz dicht neben ihnen gehen, sie ließen sich überhaupt nicht stören.

Als aber das erste Grau im Osten so hell geworden war, daß man das Aufkommen des Tageslichtes schon merken konnte, rückten die Zebras ein wenig von mir ab, und der von ihnen erwünschte Abstand wurde immer größer, je heller es wurde.

Und als die Sonne hervorgekommen war, war alles wieder so wie in den letzten Tagen. Vielleicht mit dem kleinen Unterschied, daß ich mich ein wenig mehr bewegen durfte, wenn sie in ihrer Acht-Meter-Distanz an mir vorbeikamen.

Ich war schon sehr glücklich, daß ich dieses nächtliche Erlebnis bildlich festgehalten hatte, denn selbst der alte Müller, dem die Zebrabetreuung oblag und der als einstiger Schäfer viel Tierverstand hatte, glaubte mir nur aus Höflichkeit, was ich ihm da erzählte. Vermutlich dachte er, ich wäre zu lange in jener Weinstube gesessen. Dafür staunte er am nächsten Morgen umso mehr!

Ich übrigens auch. Das kam so: Tagsüber kam ich nicht zum Schlafen, hatte aber den Ehrgeiz, die Nachtbeobachtungen, die sich so spannend angelassen hatten, unbedingt fortzusetzen. So holte ich mir nach dem Abendessen Decke und Fotoausrüstung und ging zu meinen Zebras. Es war dann wie gehabt, und nach einigen weiteren Aufnahmen, die nicht viel Neues brachten, streckte ich mich dicht neben den Zebras auf meiner Decke aus – und schlief natürlich ein.

Um drei Uhr früh wurde ich geweckt. Die Stute fummelte mit ihren warmen Nüstern an meinem Gesicht herum. Erschrocken sprang ich hoch – es hätte ja sein können, daß sie es so macht wie beim Hengst. Hufschläge kannte ich schon seit meiner Kindheit, da ich ja viel bei Pferden war. Sie sind unangenehm.

Die Stute sprang bei meinem schnellen Aufstehen zunächst etwas zur Seite, nahm mir das aber keineswegs übel. Und so zogen wir drei dann einträchtig auf die Weide. Einmal ging ich zwischen beiden Tieren, so dicht, daß ich ihnen die Hände auf die Schultern legen konnte. Sie zuckten nur ein wenig mit der Haut.

Dann wurde es heller und heller – aber diesmal änderte sich nichts. Ich durfte bei den Tieren bleiben, war in den Verband aufgenommen und Mitglied einer Zebragemeinschaft geworden. Es war wie Weihnachten.

Und als der alte Müller mit seinem leicht humpelnden Gang die Straße von Königstein herunterkam, gingen wir ihm bis dicht an den Zaun entgegen. Er blieb stehen, öffnete den Mund – sagte aber nichts. Von dieser Stunde an dürfte er mich wirklich ernstgenommen haben.

Später kam dann zufällig der verhaltenskundlich versierte Pressefotograf Gerhard Gronefeld vorbei und war begeistert über diese Vertrautheit zwischen den Zebras und mir. Als er Fotos davon machte, stellten wir fest, daß die Zebras nun auch ihn nicht mehr zu fürchten schienen, jedenfalls konnte ich aufnehmen, wie sie an seiner hingehaltenen Hand schnupperten. Offenbar hatten sie nun auch begriffen, daß Menschen gar nicht so besonders fürchtenswert sind.

Als aber die übliche Spielstunde der Zebras gegen fünf Uhr nachmittags begann, kam ich in arge Verlegenheit. Zebras spielen, indem sie einander im Galopp verfolgen, sich herzlich ins Fell beißen und zärtlich die Hufe vor die Brust knallen. Das macht ihnen enormen Spaß – wenn ein Mensch ein Zebra so behandeln würde, kriegte er unter Garantie eine Anzeige beim Tierschutzverein. Da es aber keinen Menschenschutzverein gibt und die Zebras nun doch meinten, daß ich voll zu ihnen gehörte, wurde die Sache ziemlich brenzlig. Die menschliche Haut ist für derlei Spielchen nicht so ganz geeignet.

So mußte ich leider die Freundschaft dadurch trüben, daß ich die übermütigen Tiere anbrüllte und mit einem Stock heftig umherfuchtelte. Indigniert stellten sie fest, daß ich ein Spielverderber sei und verhielten sich von da an mir gegenüber wieder etwas reservierter. Aber es war trotzdem weiterhin so, daß ich zu jeder Gelegenheit ausreichend dicht an die Tiere herankonnte und auch aus ein bis zwei Meter Entfernung Einzelheiten ihres Streifenmusters oder die Lippenbewegungen beim Grasen fotografieren durfte. Nun machte die Arbeit erst so richtig Spaß.

Bis zu diesem Punkt war alles so, daß ich nicht nur einige wissenschaftliche Verhaltensstudien veröffentlichen konnte, sondern auch einen gesonderten Artikel, in der ich das obige schilderte. Einfach so als Tatbestand. Nur mußte offenbleiben, warum das so war. Woher sollte ich eine Erklärung nehmen?

Was ich dann nicht mehr veröffentlichte, das kommt jetzt. Zwei Jahre später ging es darum, bei der inzwischen vierköpfigen Herde den Tag- und Nachtrhythmus in ununterbrochener Folge über einige Tage festzuhalten. Dazu bedurfte es einer Arbeitsteilung: tagsüber beobachtete eine Tierärztin, nachtsüber ich. Die Ablösung erfolgte direkt im Gehege, damit keine Sekunde verlorenging. Und jetzt kommt der Schnaps.

Eines Abends war ich zu früh dran und setzte mich noch ein Weilchen in das Quartier meiner Kollegin. Mitten auf dem Tisch stand eine große Flasche, an die ein Zettel mit der sagenhaften Liebeserklärung »Bitte bedienen Sie sich« gelehnt war. Ich kostete – ausgezeichnet! Nach weiterer Kostproben kam ich zu dem Schluß, daß es zweckmäßig wäre, davon etwas mit in das Gehege zu nehmen – die Nacht könnte vielleicht kühl werden. Eine leere Flasche war zur Hand, und so mixte ich mir den Schnaps mit Cola, wobei ich beim letzteren ein wenig zu sparsam war.

Auf der nächtlichen Koppel dann war ich in einem sehr zufriedenen Zustand. Keineswegs »blau«, aber auch nicht so ganz nüchtern. Gerade so angenehm. Nun muß ich dazu sagen, daß ich mit jenen Zebras bislang keinen Kontakt gehabt hatte, aber es war so, wie ich das zwei Jahre zuvor erlebt hatte – ich konnte zwischen ihnen umhergehen, neben ihnen sitzen und protokollieren. Und da ich in so guter Stimmung war, kam mir der Einfall: Was wohl würde die Stute neben mir sagen, wenn ich sie anfaßte? Nun, sie sagte nichts. Dann nahm ich ihren einen Huf in die Hand, hob ihn ein wenig vom Boden ab und kratzte mit den Nägeln der anderen Hand an seiner Unterseite. Die Stute zeigte kaum eine Reaktion. Ich nahm nur soviel wahr, daß sie offensichtlich nicht gerade froh über diese Belästigung war, denn sie entzog mir den Huf, blieb aber weiterhin ruhig auf der Seite liegen.

Da ich die freundliche Aufforderung wohl zu gut ausgenutzt hatte, fand ich am nächsten Abend keine solche Flasche vor und mußte mich mit meinem Cola begnügen. Als sich dann die Zebras zum Schlafen legten, stellte ich überrascht fest, daß jedes von ihnen sofort aufsprang, wenn ich es zu berühren versuchte und sich an einem anderen Platz wieder ablegte. Alles war anders als die Nacht zuvor. Nach einigen neuerlichen Versuchen meinerseits, diese Scheu zu überwinden, kam es soweit, daß ich überhaupt nicht mehr näher als zwei bis drei Meter an die ruhenden Tiere herandurfte – andernfalls erhob sich die ganze Gruppe und zog zu einem weiter entfernten Schlafplatz.

Als der Morgen dämmerte, begann es auch bei mir zu dämmern. Könnte hier der Schlüssel zu der Frage liegen, warum damals, als ich erstmals bei den Zebras geschlafen hatte, diese ihre Scheu restlos abgelegt hatten?

Ich erinnerte mich plötzlich an Berichte, nach denen Betrunkene in Löwenkäfigen geschlafen hatten, ohne von den Insassen belästigt worden zu sein, oder daran, daß Menschen mit »Tierverstand«

die Fähigkeit besitzen sollen, sich innerlich ganz auf das Tier einzustellen. Einer von ihnen erklärte mir das einmal: Wenn er einen Sprung Rehe aus der unmittelbaren Nähe sehen wolle, dann stelle er sich so darauf ein, daß er sich selber als Reh fühle.

Das alles klingt ein wenig komisch und keineswegs besonders wissenschaftlich – aber wenn man sich vorstellt, daß man die Großhirnrinde irgendwie ausschaltet – sei es im Schlaf, durch eine Art von »Trance« – oder durch Schnaps: Könnte da nicht in der psychischen Aktivität des betreffenden Menschen ein Zustand erreicht werden, den das Tier mit seinen feinen, hochentwickelten Wahrnehmungswerkzeugen als »harmlos« oder »vertrauenswürdig«, vielleicht sogar als »tierhaft« empfindet?

Das ist alles sehr ins Unreine gesprochen, und es soll gar nicht mehr sein als ein wenig Anregung zu ernsthafteren Überlegungen.

Der Wiener Verhaltensforscher Otto Koenig, ein sehr tugendhafter Abstinenzler, meinte nach einem längeren Gespräch über dieses merkwürdige Phänomen, daß man zu dem Schluß kommen müßte, Verhaltensforschung künftig Säufern zu überlassen.

Ob er das ernst gemeint hat?

Erste Hilfe für Papageiensüchtige

Als vor zweitausend Jahren der Grieche Onesikritos, von Beruf Steuermann bei der ruhmreichen Flotte Alexanders des Großen, die ersten Papageien nach Europa brachte, ahnte noch niemand die Tragweite dieser Pioniertat. Aber die kleinen grünen Sittiche aus Indien, deren blaues Kopfgefieder durch ein schwarzes Halsband vom Pastellrosa der Brust getrennt ist, brachten aus ihrer tropischen Heimat den ersten Keim einer seither unausrottbaren Seuche mit. Alexanders Sittiche, heute auch Rosenbrustsittiche genannt, bescherten dem Abendland die »Papageiensucht«. Sie verbreitete sich rasch bis in das antike Rom, überzog danach die mittelalterlichen Fürstenhöfe, befiel das Bürgertum und findet sich bis heute ungebrochen in den Mansarden der ältesten Altbauwohnungen sowie in den hellen Räumen moderner Wohnmaschinen aus Beton und Glas. Man darf die »Papageiensucht« nicht mit der gewöhnlichen Papageienkrankheit verwechseln, die nämlich längst entthront und als einfache Viruskrankheit, die selbst Spatzen haben können, entlarvt worden ist. Mit Antibiotika – vor allem Aureomycin – wird man ihr leicht Herr. Die Aufhebung der Einfuhrsperre bot jedoch der hier gemeinten Sucht neue, vielseitige Nahrung.

Die Papageiensucht ist eine seelische Erkrankung, die sich im ersten Stadium als »Sehnsucht« äußert. Der Patient steht stundenlang vor den Papageienvolieren des Tiergartens und drückt traumverloren seine Nase an den Schaufenstern der Zoohandlungen platt. Im zweiten Stadium greift er seufzend ziemlich tief in die Tasche, denn die bunten Krummschnäbel sind nicht gerade billig. Hat sich nun so ein »gefiederter Affe«, wie der alte Brehm den Papagei nannte, ins Herz des Süchtigen geschnattert, folgen unausbleiblich die beiden nächsten Stadien: zuerst erkennt man, daß der große Käfig, den man erworben hat, immer noch zu klein ist; man räumt ein ganzes Zimmer aus, versieht es mit Kletterbäumen, streut Sand auf das Parkett – und wird gekündigt. Wohl auch deswegen, weil die dünnen Wände einer Neubauwohnung der Stimmfreudigkeit eines Papageis nicht gewachsen sind.

So gelangt der »Psittacomane« zwangsläufig in das vierte Stadium. Er sucht einen abgelegenen Bauernhof, baut ihn zu einem Papageienparadies um und wohnt selber bescheiden im ehemaligen Kuhstall. Unausbleiblich folgt nun das Endstadium der Sucht: man wird Papageienzüchter! Der erste Erfolg versetzt dann den Süchtigen in eine ungeheure Verzückung.

Das also sei als Warnung vorausgeschickt. Wer einmal den Papageien verfallen ist, kommt sein ganzes Leben nicht mehr von ihnen los. Sie sind nicht nur die schönsten Vögel, sie sind auch die klügsten und gewandtesten Angehörigen dieser Tiergruppe. Alfred Brehms Vergleich mit den Affen hat volle Berechtigung, denn so wie diese haben auch die Papageien die Baumkronen ihrer heimatlichen Wälder als Lebensraum für sich erobert. Gleichzeitig hat sich aber auch bei ihnen die Geselligkeit als sinnvollste Lebensordnung entwickelt.

Daran sollte man denken, ehe man das zweite Stadium der Sucht erreicht. Noch ist man einer Hilfe zugänglich, und noch ist die Möglichkeit gegeben, mit seinem Vogel wirklich glücklich zu werden.

Gleich die erste Frage lautet: Wieviel Kubikzentimeter Papagei passen in meine Wohnung? Ungefähre Berechnungsgrundlage dabei ist die Körperlänge des Vogels, ohne die meist langen Schwanzfedern gemessen. Höhe und Länge des Käfigs sollen etwa das Zehnfache betragen. Das gilt vor allem da, wo keine Möglichkeit besteht, den lebhaften Hausgenossen wenigstens eine Stunde pro Tag frei fliegen zu lassen.

Hat man das jedoch vor, soll man auch gleich daran denken, daß ein Papagei sehr viel Freude daran findet, unseren Wunsch zu mißachten, ihn danach wieder in den Käfig zu sperren. Er setzt sich mit Lust auf die für uns unerreichbarsten Stellen, wobei ihm seine aufs Klettern eingerichteten Füße sehr zustatten kommen. Außerdem liebt er es, die bislang sorgsam gehegten Blattpflanzen zu vernichten, er zernagt unsere wertvollsten Möbel zu Sägemehl und hackt auch gern Löcher in die Wand. Sein Schnabel ist ein unübertreffliches Nageinstrument. Damit er sein Nagebedürfnis abreagieren kann, soll man ihm stets frische Zweige aller Art in den Käfig geben.

Da der Freiflug in einem eingerichteten Zimmer also recht problematisch sein kann, ist zu überlegen, daß man einen sehr großen Käfig aufstellen muß. Bei der hohen Intelligenz unseres Pfleglings wirkt sich ein zu kleiner sehr bald als abstumpfendes Gefängnis aus. Melancholisches Dahinsiechen oder Aggressivität sind die Folgen.

Für derartige Erscheinungen gibt es aber auch noch einen anderen Grund: ein Papagei erträgt nichts schwerer als Einsamkeit. Deshalb wird von vielen Fachleuten die Einzelhaltung als Tierquälerei bezeichnet. Demgegenüber steht wiederum die Tatsache, daß sich einzeln gehaltene Papageien in der Regel viel enger dem Pfleger anschließen. Diese Möglichkeit sollte aber wirklich nur jemand ins Auge fassen, der fast den ganzen Tag Zeit hat, dem einsamen Vogel Gesellschaft zu leisten. Wer aber gleichermaßen Zeit und Geduld hat, kann ebensogut ein Pärchen halten. Dank der Kontaktfreudigkeit der Tiere wird es dann ebenso zahm. Dazu kommt noch die Freude, das zärtliche Zusammenleben der Gatten und das ungetrübte Normalverhalten seiner Papageien beobachten zu können. Übrigens braucht der Käfig deswegen nicht größer zu sein, da die Tiere gewöhnlich alles gemeinsam unternehmen und dicht beisammen sind.

Das gilt vor allem für die kleinen, leicht zu haltenden Unzertrennlichen aus Afrika, die Agaporniden, deren Arten durch die unterschiedliche Färbung des Köpfchens auseinandergehalten werden. Wer Wert auf »sprechende Papageien« legt, sollte sich mehr an die größeren afrikanischen Graupapageien oder an die südamerikanischen Amazonen halten. Man sollte aber bedenken, daß die Individualität auch hier sehr groß und nicht jeder Vogel sprechbegabt ist. Da es insgesamt 326 Papageienarten gibt, fällt die Wahl schwer; glücklicherweise werden in den Zoohandlungen gewöhnlich nur die leichter zu haltenden Arten geführt. Ein eingehendes Gespräch mit dem Zoohändler sollte aber auf jeden Fall vor dem Kauf stattfinden, denn auch

Pflege und Fütterung wollen gewußt sein. Wer es wirklich ernst meint, wird die kleine Nebenausgabe nicht scheuen und sich eines der vielen kleineren oder größeren Bücher über Papageien zulegen, ehe er zur Tat schreitet. Ist alles gut vorbedacht, wird die »Psittacomanie« zum echten Glück!

Gemütlich, aber stur: Landschildkröten

»Bitte sär – nur net hudln – langsam! I bin ja net da Nurmi.« Wenn man vorher mit Semmelbröseln gurgelt und mehrfach dazwischen hustet, kann man Hans Mosers unvergeßliche Lebensphilosophie originalgetreu nachsprechen. Langsam, aber stetig – das ist auch die Devise der Landschildkröten. Und sie riskieren nichts – sie haben sich fast alle tropischen bis subtropischen Zonen dieser Welt erobert und denken nicht daran, andere, kältere Gegenden zu besiedeln, wie das so viele Tierarten getan haben. Denn da müßten sie sich neu anpassen und neue Lebensgewohnheiten annehmen – nein, das ist nichts für traditionsbewußte Schildkröten. Die bleiben beim altbewährten Prinzip – immer bedächtig und langsam voran.

Kein Wunder, daß sie in den letzten siebzig Millionen Jahren auch nicht viel getan haben, um ihren Körperbau wesentlich zu verändern. Panzerabdrücke aus der Frühzeit des Erdmittelalters beweisen, daß die Gattung »Testudo« schon damals so war wie heute. Sie hält offensichtlich nicht viel von

Fortschritt und Evolution und hat es heute auf ganze siebenundzwanzig Arten gebracht, die einander so ähnlich sind wie Geschwister, die verschieden groß und verschieden angezogen sind. Gewöhnlich begnügen sie sich mit Panzerlängen zwischen dreißig und fünfzig Zentimeter, nur auf den Galapagos-Inseln sowie auf den Seychellen haben sie sich Riesenarten erlaubt, die eineinhalb Meter lang werden.

Die Lebensweisheit dieses uralten Reptiliengeschlechts muß wohl darin bestanden haben, den richtigen Zeitpunkt innerhalb der eigenen Evolution abzuwarten, an dem ein »Bis-hierher-und-nicht-weiter« den Anfang der bis heute durchgehaltenen Sturheit setzte, sich nicht mehr weiterzuentwickeln. Evolution ist Anpassung an neue Bedingungen der Umwelt. Die Landschildkröten aber sagten sich wohl: wozu brauchen wir das? – und lagen damit goldrichtig, wie die Tatsache beweist, daß es sie heute noch so wie vor Urzeiten gibt, während viele tausend Tierarten in der Zwischenzeit ausgestorben und durch neue ersetzt worden sind. Natürlich haben sie das nicht dem winzigen Gehirn zu verdanken, das unter dem flachen Schädeldach ein recht unbedeutendes Dasein führt.

Wenn man das ungemein beruhigende Langsam-voran-Leben einer griechischen oder maurischen Landschildkröte zu Hause beobachtet, kommt man zunächst zu dem Schluß, daß jeder Regenwurm weitaus intelligenter ist. Eine Schildkröte macht sechsmal den Hals lang, bis es ihr endlich gelingt, ein Stück von einem Salat- oder Löwenzahnblatt zu erfassen und abzubeißen. Und der griesgrämige Ausdruck eines Schildkrötengesichts erweckt den Eindruck, daß das arme Tierchen auf sich selber sauer ist wegen seiner Ungeschicklichkeit. Man vergißt dabei allerdings, daß unsere Panzerkröten von Natur aus nicht dafür gemacht sind, von Menschenhand lose Pflanzenblätter vorgelegt zu bekommen. Man setze doch eine Schildkröte in eine ungemähte Sommerwiese voll saftiger Kräuter! Staunend erlebt man, wie sich unser Gast aus dem Mittelmeergebiet sofort zurechtfindet und sehr zielstrebig aus dem Grün das herauspickt, was schmackhaft und auch mundgerecht von der Natur angeboten wird.

Eine hübsche Aufgabe für kleine und große Amateur-Naturforscher, die genau wissen wollen, was die Schildkröte sich da aus dem Wiesenangebot heraussucht: Könnte es sein, daß sie ihr bislang noch unbekannte Pflanzen kostet, bei dieser oder jener zu dem Schluß kommt, daß sie nicht schmeckt, und nun für alle Zukunft diese Gewächsart verschmäht?

Außer den schon genannten beiden Mittelmeerarten sieht man seit etlichen Jahren auch häufiger die aus Südrußland und dem westlichen Asien stammende Vierzehen-Schildkröte, die viel flacher gebaut ist als ihre Verwandten.

Aber gleich auch eine Warnung, die ich durch eine kleine Geschichte veranschaulichen möchte. Ich entdeckte eines Tages im Schaufenster einer Tierhandlung die größte griechische Landschildkröte (aus Jugoslawien), die ich jemals gesehen hatte. Drei Minuten später saß sie in meiner Aktentasche,

um den Weg zu meiner dreiundzwanzigköpfigen »Schildkröten-Herde« anzutreten. Es war eine gemütliche alte Dame, deren Jahresringe auf den Hornplatten des Panzergehäuses vom Zahn der Zeit schon bis zur Unkenntlichkeit geglättet und verwischt worden waren. Jedenfalls mußte sie weit mehr als dreißig Jahre auf dem runden Buckel haben; vielleicht sogar schon die Hälfte eines hundertjährigen Schildkrötenlebens.

Eines Tages wollte ich meiner alten Dame und mir was Gutes antun, nämlich einen Aufenthalt im Grünen – mit dem Hintergedanken, sie beim Weidegang zu knipsen. Auf einer sonnigen Waldwiese ließ ich sie, dann laufen. Aber eigensinnig, wie nur Schildkröten es sein können, zeigte sie überhaupt nicht das geringste Bedürfnis, sich zu bewegen. Eine volle Stunde war ihr nach absoluter Ruhe. Erst dann marschierte sie los, aber nicht, um sich an der üppig grünenden Pflanzenwelt zu erfreuen, sondern um den Schatten eines Baums aufzusuchen. Dort verkroch sie sich so gut im Unterholz, daß sie kaum noch zu sehen war. Hätte ich nicht beobachtet, wo sie sich versteckt hatte, hätte ich sie kaum mehr gefunden.

Kluge Menschen hätten daraus geschlossen, daß man auf eine so raffinierte Schildkröte sehr gut aufpassen muß. Ich aber sah auf einem Baumstrunk eine wenig furchtsame Waldeidechse, die sich sonnte, und näherte mich ihr vorsichtig. Nachdem ich einige Fotos von ihr gemacht hatte, wandte ich mich wieder meiner Schildkröte zu.

Sie war weg! Ich kroch auf allen Vieren durch

das Unterholz der näheren und weiteren Umgebung, streifte Zentimeter für Zentimeter ab – keine Spur von einer Schildkröte. Ich suchte bis zum Einbruch der Dunkelheit. An den folgenden Tagen suchte ich noch mehrfach völlig erfolglos jene Gegend ab. Das immerhin beachtlich große Tier war wie vom Erdboden verschluckt ...

Wer es mit einer dieser vierzehigen Steppenschildkröten zu tun hat: sie sind die geschicktesten Ausreißer unter den Schildkröten, die ich kenne. Denn so behäbig sie sich sonst auch zeigen mögen – beim Auskommen sind sie ungemein flink. Wobei sie die besondere Fähigkeit haben, sich ziemlich schnell einzugraben, sozusagen im Erdreich zu versinken. Da es in den Steppen ihrer Heimatländer kaum andere Verstecke gibt als den Boden, haben sie diese hervorragenden Grabeleistungen entwickkelt, und deswegen haben sie wohl auch einen flachen Panzer; sie brauchen sich dann nicht so tief einzugraben.

Wenn man diese und ähnliche Erlebnisse mit Schildkröten hat, hört man bald auf, sie für dumm zu halten. Jedes Tier ist nun einmal so klug, wie das zum Überleben erforderlich ist – nicht weniger, aber auch nicht mehr. Wenn eine Tierart von der Natur mit reichlichen Gaben angeborener Verhaltensweisen ausgestattet ist, die es fest in die seit eh und je vorgegebene Umweltform gleichsam »einzementieren«, dann braucht man auch keine besondere Lernbefähigung erwarten. Bei soviel Jahrmillionen Schildkrötendasein kann man erwarten, daß praktisch alles zur »Erberfahrung« alias »Instinkt«

geworden sein müßte. Aber die Natur hält sich immer ein Hintertürchen offen und hat auch unseren Schildkröten für alle Fälle ein wenig Lernvermögen unter das Schädeldach gekittet, sogar so etwas wie eine Andeutung von Großhirn in Form eines schmalen, ziemlich unauffälligen Hirnstreifens. Damit können sie möglicherweise sogar recht gute Verknüpfungen von Erfahrungswerten vornehmen.

So etwa, wenn meine Großmutter nach ihrer geliebten »Susi« rief. Dann kam diese auf ihren tapsigen Elefantenbeinen eilfertig unter dem Küchenschrank hervor und sperrte verlangend den Rachen auf. »Susi« bedeutete für sie wohl soviel wie Futter – sie konnte also den erlernten akustischen Reiz mit der Futtergabe verknüpfen.

Wohin käme auch ein Pflanzenfresser, der darauf wartet, daß ihm die Blätter in den offenen Mund wachsen! Das Futter läßt sich mit Erbverhalten allein eben nicht finden – ein wenig Erfahrung braucht es dazu auch.

Immerhin – ein wenig lernen können sie schon, die biologisch so erfolgreichen, wenn auch recht einseitigen Schildkröten. Man muß nur herausfinden, wann, was und wo, will man ihnen gerecht werden. Und wenn eine Schildkröte stundenlang versucht, eine senkrechte Wand zu überwinden, die für sie nun einmal unüberwindlich ist und bleibt, dann ist das noch lange nicht »Dummheit«, sondern allenfalls jene Sturheit, die allen Schildkröten dieser Welt das Überleben sichert. In der Natur nämlich, wo solche Wände wirklich sehr selten vorkommen, wohl aber vielerlei andere Hindernisse, die sich nicht leicht überwinden lassen, ist diese unermüdliche Sturheit recht zweckmäßig. Wer einmal gesehen hat, wie es einer Schildkröte nach dem neunundneunzigsten Versuch am Ende doch gelingt, ein Dickicht zu durchbrechen oder ein Felshindernis zu überwinden, um dann endlich neuen Weidegrund zu erreichen, der wird verstehen, daß Sturheit, verbunden mit Ausdauer, eine ganz praktikable Lebensanpassung sein kann. Freilich immer aus der Sicht des artgemäßen Lebensraumes. Ich kann mir gut vorstellen, wie ein Delphin über das geradezu lächerlich dahinstrampelnde Menschenwesen grinst, das sich in den für uns Menschen nun einmal nicht artgemäßen Lebensraum Meer gewagt hat. Vielleicht, daß er auch ein wenig bewundernd über die Sturheit staunt, mit der dieses völlig unangepaßte Lebewesen mit seinen im Vergleich zum Delphin wirklich plumpen Bewegungen doch immer wieder ins Wasser hüpft und sich mühevoll abstrampelt...

Wenn wir schon soviel von Sturheit reden: Welche mörderische Sturheit bringt doch ein beachtlicher Teil von uns Menschen auf, alljährlich viele Tausende von Schildkröten aufzusammeln, tonnenweise in die »Kulturländer« Mitteleuropas zu schaffen, um sie – für bares Geld – dort totpflegen zu lassen? Mit welcher mörderischen Sturheit kaufen viele Leute alljährlich wieder Schildkröten, weil die vom Vorjahr im Winter eingegangen waren?

Ich weiß nicht, da gefällt mir die Sturheit der Schildkröten schon weitaus besser!

Ich möchte wirklich niemandem das Halten von Schildkröten vermiesen. Ganz im Gegenteil – sie sind wirklich reizvolle Hausgenossen, zu denen man nur raten kann – vorausgesetzt, daß derjenige, der sich mit diesen Urweltgeschöpfen anfreunden will, erst einmal darüber nachdenkt, ob er ihnen auch das alles bieten kann, was sie benötigen. Es gibt ernstzunehmende Fachbücher, von Leuten geschrieben, die jahrzehntelange Erfahrungen auswerten konnten, und es gibt auch viele erfolgreiche Terrariumbesitzer, die gern ihre Erfahrungen weitergeben.

Vor allem sollte man sich aber erst einmal im klaren darüber sein, daß auch das Halten einer einzigen Schildkröte Arbeit macht und auch Zeit kostet. Scheut man das eine nicht und hat man das andere – dann viel Spaß und Freude!
Sturheil!

Kaninchen

Ich war einmal in einem recht feudalen Haus eingeladen. Neben dem Kamin residierte sehr vornehm ein wohlgepflegter »Petroleum-Terrier«, besser bekannt als Airedale-Terrier, was sich so leicht wie »Erdöl« aussprechen läßt. Er war so von seiner Rolle beherrscht, schön zu sein, daß er mich kaum zur Kenntnis nahm.

Alles war sehr behaglich, Polsterstühle, dicke Teppiche, zum Kamin noch eine Klimaanlage. Nur auf die Füße zog es so merkwürdig. Ich brauchte eine Weile, um dahinter zu kommen, woher. Da war doch unten in die schmiedeeisenbeschlagene

Tür ein viereckiges Loch geschnitten – eine Hand hoch, eine Hand breit. Und diese Tür führte in den Garten – natürlich über eine Terrasse.

Da sich alle Gespräche um Pferde drehten, kriegte ich keine Assoziation mit dem so gepflegten, luxuriösen Salon und dem Loch in der Tür zustande. Aber es irritierte mich ständig, weil ich ihm am nächsten saß und kalte Füße bekam. Wo ich mir doch so leicht einen Schnupfen hole!

Nachdem ich aus Gesundheitsgründen den dritten Sherry eingenommen hatte, zweifelte ich plötzlich an meinem Verstand. Schob sich da nicht ein Black-and-tan-Kaninchen durch das ominöse Loch, hoppelte ganz gemütlich und unbekümmert über den Astrachan und ließ sich neben der großen Couch behaglich nieder! Man ist es nur so wenig gewohnt, daß Kaninchen zu Partys erscheinen – sieht man von Freund Harvey ab, der ja für gewöhnliche Leute unsichtbar war.

Dieser braunrot-schwarze Harvey also – den richtigen Namen habe ich vergessen – wurde uns nun vorgestellt und erwies sich als recht umgänglich, mit ausgesprochen feinen Manieren, wenn er auch in seiner angepaßten Vornehmheit fremden Personen gegenüber distinguierte Distanz zu halten pflegte. Außerdem haben Pferdeleute immer so etwas gewollt Forsches, nach einigen Gläschen sogar Stallburschenhaftes an sich – das schien Harvey nicht zu lieben. Er war übrigens von Adel – das gibt es auch bei Kaninchen – und verstand sich daher auch ausgezeichnet mit dem Airedale.

Langsam stieg auch jenes Bild in meinem Gedächtnis auf, das mich vor vielen Jahren schon sehr beeindruckt hatte. Der so unglaublich geschmackvolle Einfall der senferzeugenden Industrie, für ihre Erzeugnisse Behälter in Form eines WC anzufertigen, brachte meine Tante auf den Einfall, ein ebenfalls in der Wohnung lebendes Kaninchen zwecks Abgabe der Verdauungsrückstände an einen solchen Prozellanbehälter passender Größe zu gewöhnen. Was tatsächlich gelang. Es war ein unbeschreiblicher Anblick, wenn dieses Kaninchen würdevoll auf seinem Thron saß und auf die darauf vermerkte Senfsorte . . .

Solche Beispiele zeigen, daß man Kaninchen tatsächlich stubenrein bekommt, wenn man sich ein wenig Mühe gibt. Denn auch der Türausschnitt diente jenem Harvey dazu, im Bedürfnisfalle den Garten aufzusuchen, wodurch er sich zusätzlich auch noch nützlich machte – die Pflanzen gediehen besser. Soweit er sie nicht abnagte.

Kaninchen sind ja in den letzten Jahren recht modern geworden. Dienten sie früher ausschließlich der menschlichen Ernährung – was man in deutschen Restaurants offensichtlich vergessen hat –, so spielten sie später als »Zwergkaninchen« in den Tierhandlungen eine umso größere Rolle. Freilich – viele von ihnen wuchsen sich dann bei guter Pflege zu ganz normal großen Kaninchen aus – sie waren nur in ihrer verkaufsfähigen Jugend so klein. Was ja wohl die Regel bei allen Kaninchen ist. Aber es gibt ja wirklich sehr kleine Kaninchenrassen, denen man bei einigem guten Willen die Größenbezeichnung »Zwerg« zubilligen kann. Und so ein eigenes »Osterhäschen« zu Hause zu halten, ist wohl für jedes Kind eine ganz große Freude.

Man darf dabei freilich nicht vergessen, daß Kaninchen keine besonders auffallenden Geistesakrobaten sind. Gewiß, auch sie haben ein Lernvermögen, aber das beschränkt sich im Wesentlichen doch darauf, mit dem fertig zu werden, was in der Natur einmal für sie lebensnotwendig war. Also etwa, den Weg zum schützenden Bau genau zu behalten, vor Gefahren zu fliehen und zu lernen, wovor man keine Angst zu haben braucht. Pflanzenfresser mit Wohnhöhlen und sehr schneller Fortbewegung sowie außerordentlicher Vermehrungsfreudigkeit – die ja sprichwörtlich ist – benötigen keine besonders großen Intelligenzleistungen. Selbst die schon geschilderte Stubenreinheit ist angeboren – Kaninchen pflegen ihre Baue und deren Umgebung sauberzuhalten.

Trotzdem – es sind Tiere, die man einfach mag. Unser angeborenes »Kindchenschema« spricht eindeutig auf diese flaumigen, pausbäckigen und großäugigen Geschöpfe an. Aber am schönsten ist es, wenn man einmal erleben kann, wie so eine »Stallhäsin« ihre Jungen aufzieht. Mit welcher Sorgfalt sie kurz vor dem Werfen ein molliges Nest anfertigt, das sie mit ihren eigenen Flaumhaaren auspolstert, um da ihre rosigen, noch ganz hilflosen Jungen hineinzulegen. Ist sie sehr zutraulich, darf man sich ihre Kinderstube genauer ansehen, aber sehr gern hat sie das nicht – sie will lieber in Ruhe gelassen werden. Häufigere Belästigungen führen leicht zu einer Art von Streß; die Folge ist oft, daß sie die Jungen aus dem Nest wirft und liegen läßt oder sie gleich tötet und auffrißt.

Kaninchenzüchten ist eine Art von Volkssport, und man kann nicht gerade behaupten, daß hier besonders viel züchtungs-biologische Gesichtspunkte in den Vordergrund gestellt werden. Oft – nur allzuoft – stehen Größe, Ohrform, Fellstruktur und -farbe so im Vordergrund bei züchterischen Erwägungen, daß man sich nicht zu wundern braucht, wenn allerlei sehr unerwünschte Dinge auftreten. Sehr viele Häsinnen neigen dazu, ihre Würfe aufzufressen. Das kann sich zwar in dieser extremen Form nicht vererben, aber es scheint doch so zu sein, daß die Anlagen hierzu sehr verbreitet sind. Auch Totgeburten kommen in den Würfen häufiger vor, als das bei gesundem Erbgut der Fall wäre. Sie werden gewöhnlich von der Häsin aus dem Nest entfernt, aber es gibt auch Häsinnen, die so instinktlos sind, daß sie sie zwischen ihren gesunden Jungen liegen lassen. Bei der sich im Nest entwickelnden Wärme ist das natürlich eine Gefahr, da sie dann schnell verwesen.

Der leidige Wermutstropfen, der immer im Kelch der sonst so segensreichen Haustierzucht zu finden ist und den Namen »Degeneration« trägt, verschont eben auch unsere Kaninchen nicht, wenn man sich nicht darüber im klaren bleibt, daß Züchten nicht das Verschleiern von Erbmängeln sein darf, sondern dazu verpflichtet, Erbmängel sorgsam zu beachten.

Meerschweinchen beißen nicht

Aus dem Chaos von Kabeln und Kameras höre ich den Mann mit dem Tonbandgerät: »Wir brauchen noch die Stimmen von Meerschweinchen!« Aber meine Meerschweinchen haben sich angesichts des Fernsehteams und der grellen Scheinwerfer in ihre Häuschen verkrochen und sagen nichts. Ich öffnete die Türe in der Absicht, sie ein wenig aufzuscheuchen. Ein Kameramann fragte: »Beißen die nicht?«

Was für eine Frage! Das weiß doch jedes Kind, daß sie das nicht tun, und so antwortete ich nur kurz und bündig: »Meerschweinchen beißen nicht!« – da zog ich auch schon mit einem Schrei meine Hand hervor und betrachtete meinen blutenden Finger.

Das liegt schon etliche Jahre zurück, aber das fröhliche Gelächter des Fernsehteams klingt mir noch heute in den Ohren. Schadenfreude ist halt doch die schönste Freude.

Was war da passiert? Meerschweinchen beißen nämlich wirklich nicht – normalerweise. Aber es gibt eben Ausnahmen, die die Regel bestätigen. Meines Wissens allerdings nur zwei, aber die sollte man kennen, wenn man Umgang mit diesen friedlichen Nagern hat. Um sie zu verstehen, braucht man sich nur das Verhalten genauer anzusehen, das sie in ihren angestammten Lebensräumen entwickelt haben.

Die Wildmeerschweinchen sind Bewohner der Busch- und Grasflächen großer Teile Südamerikas.

Trockenheit härtet den Savannenboden, Überschwemmungen füllen jedes Loch mit Wasser; dadurch wäre das Anlegen von unterirdischen Verstecken unmöglich und auch zwecklos. Meerschweinchen können daher überhaupt nicht graben. Schutz vor Freßfeinden bietet ihnen entweder schnelles Davonlaufen, aber wohl noch eher völlige Bewegungslosigkeit bei drohender Gefahr. Dabei hilft die trockenem Steppenboden gleichende Schutzfärbung der Wildmeerschweinchen, sie den Blicken ihrer Feinde zu entziehen. Die Fähigkeit, bei Gefahr in völlige Bewegungslosigkeit zu verfallen, mag wohl ausgereicht haben, das Überleben der Art zu sichern. Eine Feindabwehr durch Beißen wurde so erst gar nicht entwickelt. Was würde das auch gegenüber einem großen Greifvogel oder dem langbeinigen Mähnenwolf nützen? Faßt man also ein scheues Meerschweinchen an, versucht es der Hand zu entkommen; hebt man es hoch, fällt es in eine regelrechte »Schreckstarre« – niemals wird es sich jedoch mit den Zähnen verteidigen.

Anders ist das, wenn es um Artgenossen geht. Die Wildmeerschweinchen leben in Gruppen und müssen ihre Territorien vor den Nachbarn verteidigen. Die Männchen vor allem suchen, ihren Harem vor anderen Männchen zu schützen. Und da wird dann gebissen! Meerschweinchen-Böcke können sich so heftige Kämpfe liefern, die man diesen sonst so friedfertigen Geschöpfen nicht zutrauen würde.

Und das ist die Erklärung für jenen Biß, den ich abbekam: In dem Häuschen drängten sich auch einige rivalisierende Böcke zusammen, und als ich dazwischengriff, muß so ein Männchen meine Hand mit einem der feindlichen Männchen verwechselt haben.

Die zweite Ausnahme beweist die Richtigkeit der Tatsache, daß Meerschweinchen nur Artgenossen, nie aber Artfremde beißen. Bei der Geburt sind Meerschweinchen dank einer achtundsechzigtägigen, also sehr langen Tragzeit, bereits so entwickelt, daß sie notfalls mit den Eltern flüchten können. Auch das ist eine Anpassung an das fast versteckslose Leben in den Savannen. Die Neugeborenen werden inmitten der Familie auf den Artgenossen geprägt, was bedeutet: Die Geschöpfe, mit denen sie innerhalb der ersten Lebensstunden zu tun haben, sind Artgenossen, und deren Aussehen prägt sich nun für Lebenszeit dem Gehirn der neuen Erdenbürger ein. Dieser von der Natur vorgegebene Lernmechanismus, den vor allem Konrad Lorenz bei Vögeln studiert hat, kann aber zu Trugschlüssen führen.

Nehmen wir nämlich ein neugeborenes Meerschweinchen in unsere Obhut und ziehen wir es so auf, daß es keine anderen Meerschweinchen in der nächsten Zeit zu sehen bekommt, prägt sich seinem Gehirn das Bild des Menschen ein. Dieses Meerschweinchen hält dann zeit seines Lebens den Menschen für seinen Artgenossen.

Und wenn der Mensch Artgenosse ist, kann man ihn auch beißen, was wohl jeder schon erfahren hat, der Meerschweinchen handaufgezogen hat.

An sich sind Meerschweinchen sehr friedliche, soziale Tierchen, die nur selten Konflikte untereinander austragen und sich auch zueinander sehr höflich benehmen. Für uns Menschen freilich ist es nicht leicht, es einem höflichen Meerschweinchen gleichzutun. So nimmt kein Meerschweinchen ein anderes »in die Hand« – kann man sich da wundern, wenn so ein Tier, das den Menschen für einen Artgenossen hält, dauernd Anlaß hat, sich über dessen Taktlosigkeit zu ärgern?

Deshalb sollte man nicht mit der nackten Hand zwischen rivalisierende Meerschweinchen-Männer greifen. Beachtet man das, kann man trotzdem mit Überzeugung sagen: »Meerschweinchen beißen nicht« und sie Kindern unbedenklich als Hausgenossen überlassen – vorausgesetzt, daß man sie zum freundschaftlichen Umgang mit Tieren erzogen hat; denn Meerschweinchen können sich gegen Grobheiten nicht wehren.

Der Elefantenigel

Es handelt sich hier nicht um eine Art von Riesenigel oder eine Igelform mit langem Rüssel. Vielmehr geht es um jenen Igel, der vor vielen Jahren nicht nur in Illustrierten, sondern einmal sogar im Fernsehen vorgestellt worden war, weil er drei große afrikanische Elefanten in die Flucht geschlagen hatte.

Ich begegnete ihm eines frühen Morgens auf dem Weg zu meiner Unterkunft, als ich in Kronberg im Taunus zur Zebrabeobachtung Gast bei Georg von Opel war. Aus einer Laune heraus nahm ich ihn mit, da er sich so furchtlos zeigte, daß ich den Verdacht hatte, er müßte schon einmal bei Menschen gelebt haben. Im Zimmer freigelassen, zog er sich zwar zunächst unter das Bett zurück, kam aber sehr schnell wieder, um in typischer Igelmanier laut schmatzend ein Stück Banane und einige Weinbeeren zu verzehren. Es störte ihn auch kaum, daß ich ihn dabei mit Hilfe des Elektronenblitzes knipste. Zuerst zuckte er zusammen, aber beim dritten Blitz hatte er sich damit abgefunden. Was ihn wirklich störte, war das ziemlich laute Klicken des Kameraverschlusses. Solche Geräusche mögen Igel nicht, und selbst der zahmste runzelt die Stirn, wenn er dergleichen hört.

Dafür störten mich gewisse Geräusche, die von wesentlich größeren Tieren stammten. Ich wohnte nämlich Wand an Wand mit drei afrikanischen Elefanten. Sie waren eben aufgestanden und machten Morgentoilette, die zum Teil darin bestand, daß sie sich ausgerechnet an der Zwischenwand kräftig scheuerten; das klang dann so, als ob diese Dickhäuter jeden Moment mein Zimmer betreten wollten. Ich war zwar darüber informiert, daß der Erbauer des Elefantenhauses die Kraft und Stärke dieser Kolosse bei seinen statischen Berechnungen einkalkuliert hatte – aber kann man verlangen, daß Elefanten solche Dinge respektieren? Obwohl sie sehr klug sind und außerdem sagenhaft gutmütig. Ich besuchte sie nun auch jeden Abend, um ihnen eine gute Nacht zu wünschen. Dann hoben sie die Rüssel über ihre Häupter und hielten mir die offenen Mäuler hin; sie liebten es sehr, wenn man ihnen dann mit der flachen Hand kräftig auf die fleischige Zunge klatschte. Anfangs machte ich das mit der bloßen Hand, später zog ich mir Lederhandschuhe an, denn die Zunge fühlt sich genau so an wie jene Reibeisen, mit denen man Zitronenschalen oder Mohrrüben zu feinen Krümelchen zerreibt.

Als ich nun einerseits meinen neuen Gast betrachtete, andererseits auf das Dröhnen und Scheuern nebenan hörte, ergab sich so ganz von selbst eine gedankliche Verbindung. Man weiß ja, daß Elefanten anderen Tieren nichts zuleide tun, und daß sie sogar vor kleinen Tieren Respekt zeigen. Das wollte ich einmal fotografieren, und ich malte mir schon aus, was das doch für hübsche Bilder geben würde, wenn drei Rüssel meinen Igel untersuchen.

Sobald die Sonne hoch genug stand, ging ich ans Werk. Die drei Afrikaner standen ganz ruhig herum und wärmten sich an der Sonne. Vor ihnen lag eine freie Bodenfläche ohne Bewuchs. Hier setzte ich meinen Igel hin und begab mich in den notwendigen Abstand, um Igel samt Elefanten ins Bild zu bekommen.

Zunächst klappte es wunschgemäß. Opeline, Vauka und Conti kamen höchst neugierig angestakst, um zu sehen, was ich ihnen da wohl Komisches mitgebracht hatte. Und da war auch das erhoffte Bild: drei Rüssel über einem blinzelnden Igel, der sich nicht eingerollt hatte. Nur: der Auslöser machte nicht mit, weil ich nicht weitergedreht hatte ...

Nach einem wilden Fluch und hastigem Filmtransportdrehen sah ich in meinem Sucher nur mehr

den Igel – keine Spur von den Elefanten. Ich blickte auf – da standen die drei doch mit allen Anzeichen schrecklicher Angst an die Stallwand gepreßt und schielten nach dem entsetzlichen Stacheltier, so jämmerlich in Ausdruck und Körperhaltung, daß ich doch zu einigen guten Fotos kam. Es war zu schön, diese beinah zweieinhalb Meter hohen Jammerlappen im Bild festzuhalten, ganz im Vordergrund den harmlos vor sich hin schnuppernden Igel.

Da er sich davonmachen wollte, holte ich ihn wieder und setzte ihn etwas näher an die Elefanten heran, damit ich die Szene besser ins Bild bekommen konnte. Die drei Helden schrien auf vor Schreck und drängten nun einander in den offenstehenden Stall, wobei es Schwierigkeiten gab, denn alle drei auf einmal – das ging nicht. Endlich waren sie im Stall verschwunden und nicht mehr zu sehen.

Ich hielt meinen Igel fest und wartete. Opeline hatte den größten Mut. Sie streckte den Kopf aus der Stalltür, um zu sehen, ob das Untier immer noch da sei. Sie war schrecklich aufgeregt, und als ich ihr den Igel zeigte – ich hielt ihn in der ausgestreckten Hand –, zog sie sich sofort wieder prustend zurück. So brachte ich den Igel wieder in das Zimmer.

Als ich zu den Elefanten zurückkam, waren sie zwar wieder im Freien, als sie mich aber sahen, wichen sie furchtschlotternd wieder in den Stall zurück. Der Pressefotograf Gerhard Gronefeld, der nachmittags kam, meinte, daß nun mein Stachelbart bei den Elefanten Assoziationen mit dem Igel hervorrufen dürfte. Wir wiederholten das Experiment, und Gronefeld konnte praktisch genau dieselben Fotos machen wie ich – die Elefanten reagierten überhaupt nicht anders; sie ersparten sich nur das Herankommen, denn nun wußten sie ja schon Bescheid.

Als ich dann am späteren Abend wie immer in den Stall ging, um den Elefanten eine gute Nacht zu wünschen, wichen sie alle vor mir zurück, und ich mußte ihnen eine ganze Weile meine leeren Hände vorweisen, ehe sie sich überzeugen ließen, daß ich ihnen diesmal kein lebensgefährliches Untier mitgebracht hatte. Aber etwas scheel sahen sie mich in Zukunft immer an – sie vergaßen mir den üblen Streich nicht so schnell!

Falls also einer meiner Leserinnen oder Leser gerade einen unfolgsamen Elefanten zu Hause haben sollte: Unbedingt einen Igel anschaffen – damit kann man Elefanten nach Belieben dorthin lenken, wo man sie haben will. Und dem Mann, der in Berlin an einer Ecke stand und Papier in kleine Stückchen zerriß, weil das gut sei gegen Elefanten, dem sei geraten, er solle sich lieber einen Igel zulegen. Kennen Sie den nicht? Als ihm der Polizist sagte, es gäbe da doch gar keine Elefanten, antwortete ihm der Mann: »Sehen Sie wie es hilft?«

Nach diesem Abenteuer nahm ich den Igel einige Wochen später mit nach München. Es war ohnehin sehr kalt geworden, ich hatte ihn ein wenig verwöhnt, und so dachte ich, es wäre wohl besser, wenn ich ihn bei mir über den Winter beherbergen würde. Außerdem war er nun völlig zahm geworden und nahm das Futter aus meiner Hand.

Und später hatte er dann auch die Ehre, von der jedem Kenner des »Heiteren Beruferatens« wohlbekannten »Annette« im Fernsehen angesagt zu werden. Da es ein männlicher Igel war, träumte er sicher noch lange davon!

Leider träumte er bei mir nur bei Tag. In der Nacht hingegen war er quicklebendig, was insofern etwas problematisch für mich war, da wir uns ein Zimmer – wenn auch ein sehr großes in einem Altbau – teilen mußten. Er kam für gewöhnlich dann aus seinem Lager, wenn ich schon zu Bett gegangen war. Dann verzehrte er zunächst das für ihn bereitgestellte Mahl. Er war keineswegs wählerisch und liebte Pudding ebenso wie Kalbfleisch, Obst oder Mehlwürmer. Igel können nämlich mitunter recht heikel sein, und man hat dann seine liebe Not mit ihnen. Einmal hatte ich einen, der überhaupt nichts anderes anrührte als Pudding, und so war ich gezwungen, diesen mit Fleischbrühe, viel Ei und Vitaminen zuzubereiten, um seine Gesundheit zu erhalten. Es kam oft vor, daß ich den augenblicklichen Appetit meines Elefantenigels Mäcky nicht richtig eingeschätzt hatte. Dann faßte er seine Futterschüssel mit dem Mäulchen und zerrte sie so lange laut polternd umher, bis ich resigniert wieder aufstand und ihm meinen fürs Frühstück gedachten letzten Eiervorrat überließ.

Hatte er sich sattgegessen, ruhte er ein Weilchen und wartete wohl ab, bis ich eingeschlafen war. Danach erwachte sein Betätigungsdrang. Da gab es zunächst einmal Hausschuhe, die man herrlich durch die Gegend schleppen und irgendwo unter dem Schrank oder Bett verstecken konnte. War diese Arbeit getan, wandte sich der Kerl jenem Eimer zu, in den ich immer die Küchenabfälle warf. Er fand immer einen Weg, diesen umzuwerfen – Igel können sehr gut klettern – und ihn danach auszuräumen. Da ich hauptsächlich aus der Dose lebte, war da auch stets eine zu finden. Sie wurde mit flinker Zunge zunächst sorgsam ausgeputzt, und dann wurde Fußball mit ihr gespielt, besser: Schnauzenball. Er schubste sie durch das ganze Zimmer, und je mehr Krach sie dabei machte, umso vergnügter wurde mein Igel. Während mein Schlaf dahin war und ich alles andere als vergnügt wurde.

Als ich mir angewöhnt hatte, die leeren Konservenbüchsen auf den Schrank zu stellen, entdeckte mein stachliger Freund, daß man mit Papier auch einen herrlichen Krach machen konnte, und er entwickelte bald eine derartige Übung im Umgang mit diesem Material, daß mir der Krach leerer Konservendosen dagegen wie zartes Glockenläuten erschien.

Endlich kam ich auf den Einfall, ihm einen Ping-Pong-Ball zu überlassen. Das hätte ich nicht tun sollen – das war ja noch viel schlimmer! So kaufte ich einen Tennisball, der ihm auch recht viel Spaß machte. Bis es mich eines nachts fast aus dem Bett warf – der Tennisball lag in dem nun nicht mehr ganz dichten Glasschränkchen und Mäcky war eben dabei, sich diesen Ball unter Anwendung von Brachialgewalt wiederzuholen. Daß dabei die lästigerweise im Weg liegenden chinesischen Tassen außerhalb des Schränkchens zerschellten, hielt er wohl für eine erbauliche Bereicherung seines freudvollen Daseins. Konnte er nun auch die Scherben klirrend herumschleudern. Die ungehemmte Lebensfreude eines Igels wird wohl nie dem stumpfen Dahinvegetieren unseres Menschengeistes faßbar sein!

Es war ein langer, harter Winter. Nicht sosehr draußen, weit mehr im gar nicht mehr so trauten Heim. Schließlich muß ich zur Abrundung des Bildes noch sagen, daß so ein Zimmer für einen Igel auch ein einziges, weiträumiges Klosett ist. Und damit sei eine andere Misere umrissen:

Igel sind nun einmal von Natur aus bewegungsfreudig – das müssen sie sein, denn es heißt Nacht für Nacht im Freileben beachtliche Strecken zurückzulegen, um so einen nimmersatten Insektenfresserbauch mit Kerbtieren, Würmern, Schnecken, Mäusen, weichem Obst und was es sonst noch so auf der Speisekarte der Natur gibt, ausreichend zu füllen. Also kann man einen Igel nicht in eine Kiste sperren – man muß ihm schon einen ausreichend großen Raum zur Verfügung stellen. Wer einen Keller hat, der frostfrei ist, hat es gut. Einen solchen hatte ich aber damals in München nicht. Also mußte der Igel im Zimmer frei laufen können. Igel müssen keinen Winterschlaf halten, daher sind sie in einem warmen Zimmer wintersüber genauso aktiv wie im Sommer. Nur brauchen sie ausreichend Nahrung. Und deren unbrauchbar gewordene Rückstände müssen aus dem Bauch heraus. Das ist soweit ganz klar.

Nun ist aber ein Igel keine Katze, die man an die bekannte Schüssel ohne Mühe gewöhnen kann, sondern er ist als Tier, das auf seinen Streifzügen weite Strecken zurücklegt, gewohnt, seine Häufchen einfach dorthin zu setzen, wo ihn der innere Drang eben überkommt. In der Wohnung heißt das: raus mit dem Teppich!

Nun machen die oft scharfen Verdauungsrückstände auch auf einem hundertjährigen Eichenholzparkett sehr leicht ziemlich auffallende Flekken, und das ist, lebt man in Untermiete, nicht gerade eine Freude für den Vermieter. Was tun? Erst legte ich Zeitungspapier auf. War das eine Freude für Mäcky! Da hatte er die herrlichsten Möglichkeiten, so laut zu rascheln, daß es sich im Halbschlaf wie ein Unwetter mit Windstärke 10 anhörte. Die Hinterlassenschaften aber machte er dorthin, wo er soeben das Papier zusammengeschoben hatte – also wieder auf das Parkett. (Übrigens, Holzboden: Ein übermütig tollender Igel, der gerade seine »Renn-Tour« hat, klappert wie eine mittlere Mustangherde auf hartem Prärisgrund!)

So teilte ich schließlich das Zimmer mit Hilfe eines quergestellten Schranks und einiger Bretter in zwei Teile. Einen größeren für mich, einen kleineren für Mäcky. Seinen Bereich streute ich mit Hobelspänen aus; Mäcky schimpfte fürchterlich über diese Freiheitsberaubung – Igel können ganz schön schreien – und unternahm alle Anstrengungen, die Barriere zu überwinden. Einmal gelang es ihm, weil seine spitzen Krallen in der Fuge zwischen den Brettern Halt fanden. So beklebte ich seine Wandseite mit Stragula. Da hatte er keine Möglichkeit mehr, das Hindernis zu übersteigen. Nur ich wurde intensiv getrimmt; denn ob ich zur Türe wollte oder zum Elektroherd – jedesmal mußte ich über diesen Zaun steigen, der an die siebzig Zentimeter hoch war, und das dann auch mit Kaffeekanne samt Tasse, mit der Suppe und mit all dem, was man halt so im Laufe eines Tages umherzutragen hat.

Als das Frühjahr ausgebrochen war, überließ ich den Igel einem Gartenbesitzer. Und wenn mir der Abschied auch recht schwergefallen war: – ruhiger lebte ich jedenfalls von da an – viel ruhiger!

Warum nicht einmal Kröten?

Von allen einheimischen Tieren sind die Kröten – ganz zu Unrecht – als Hausgenossen am wenigsten geschätzt. Dabei sind sie außerordentlich leicht zu halten und werden sogar sehr schnell zahm. Wer vor ihnen Abscheu hat, ahnt nicht, daß er nur das Opfer einer dummen und abergläubischen Fehleinstellung ist. Denn viele Tiere – ob es sich nun um Kröten, Fledermäuse oder Eulen handelt –, die den Abend und die Nacht dem Tag vorziehen, müssen sich die Ablehnung des »Tagtieres« Mensch gefallen lassen. (Werden doch sogar Menschen, die ihre Bücher nachts schreiben und tagsüber schlafen, scheel angesehen!)

Dabei sind Kröten unwahrscheinlich liebenswürdige Tiere. Sie haben mein Leben von früher Kindheit an begleitet und mir viele schöne Stunden bereitet. Wenn ich etwas angestellt hatte und zur Strafe in der Ecke knien mußte – das gabs damals noch – war mir das überaus angenehm, denn ich konnte dann so schön mit meinen Kröten spielen. Ich trug immer zwei oder drei in der Tasche meiner Spielschürze, und die ließ ich dann im Küchenwinkel ein wenig umherhopsen. Da verging die Zeit wie im Fluge!

Ich hatte damals hübsch gezeichnete Wechselkröten, die auf hellgrauem Grunde breite, sehr unregelmäßig verteilte olivgrüne Bandzeichnungen und dazwischen gelegentliche rote Farbsprenkel tragen. Sie werden nicht ganz so groß wie die weniger bunten Erdkröten, die mehr dunkel- bis schwarzbraun sind und nur frisch nach der Häutung einige lebhaftere Farbabstufungen zeigen.

Jene Wechselkröten waren mir nicht nur liebenswerte Spielgefährten (obwohl sie darüber sicher nicht immer besonders glücklich gewesen sein mögen), sie waren auch meine »Geheimwaffe«. Wenn mich die Dorfkinder verprügeln wollten, hielt ich meine Kröten in hocherhobener Hand und drohte, ihnen diese »Grodn« ins Gesicht zu werfen. Das wirkte ungemein, waren doch jene Kinder wie überall auf dem Lande in dem Aberglauben erzogen, daß Kröten giftig wären.

Sicher – daran ist schon etwas Wahres. Wer eine sehr empfindliche Haut hat oder zu bestimmten Allergien neigt, wird nach Berührung von Kröten ein wenig Ärger haben. Händewaschen ist immer gut. Außerdem brennt die aus den Poren der Haut austretende scharfe, milchige Flüssigkeit in den Augen, wenn man sie mit den Fingern dahinbringt. Aber gefährlich ist das alles nicht. Das Hautgift der Kröten dient allein dazu, den Freßfeinden den Appetit zu verderben. Es gibt jedoch Ringelnattern, die vor allem die Wechselkröten unbekümmert verspeisen. Einmal legte ich zwei Wechselkröten am Ostufer des Neusiedler-Sees in eine große, geräumige Dose und setzte kurz danach eine der dort vorkommenden zweistreifigen Ringelnattern dazu. Ich war der Meinung, daß sowohl die Dunkelheit in der Dose als auch die Tatsache, daß es Kröten und keine Frösche waren, mit denen die Natter das Notquartier zu teilen hatte, diese daran hindern würde, Unfug anzurichten.

Weit gefehlt. Als ich nach einiger Zeit die Dose öffnete, hatte die Ringelnatter soeben eine Kröte verschluckt. Sie erschrak und würgte die Kröte eilends wieder hervor; diese aber lebte vergnügt weiter und erhielt von mir den biblischen Namen Jonas.

Erdkröten habe ich schon oft mit Ringelnattern zusammen im Terrarium gehalten, ohne daß etwas passierte. Ab und zu kam es vor, daß eine Ringelnatter an eine sich bewegende Kröte herankroch. Die Kröte wußte sich mit einem altbewährten Trick zu helfen. Sie wandte sich der Ringelnatter zu, senkte die Nase auf den Boden herab, machte einen hohen Katzenbuckel, und blies sich, um noch mächtiger zu wirken, enorm auf.

Ringelnattern haben ganz klar umrissene Vorstellungen davon, wie groß ein Beutetier sein darf, denn bei aller Dehnfähigkeit der nur lose verbundenen Kiefer und des Schlundes gibt es natürlich gewisse Grenzen. Wenn nun die Kröte sich in solcher Größe vor ihr aufbaut, vergeht der Ringelnatter der Appetit und sie zieht nach kurzem Züngeln wieder ab.

Kröten lernen recht gut. Sie sammeln sich gern im Lichtkreis von Hausbeleuchtungen oder Straßenlaternen und warten hier auf die kleinen Nachtfalter, die vom Licht angezogen dort anstoßen und halb betäubt herabfallen. Ebenso suchen sie immer wieder Orte auf, wo sie schon öfter reiche Beute gemacht haben. Ein Gartenbesitzer brachte eine große Kröte dazu, jeden Tag pünktlich um 21 Uhr vor der Haustüre zu erscheinen, wo sie ihre tägliche Ration Regenwürmer und Mehlwürmer erhielt. Der Verhaltensforscher Eibl-Eibesfeldt hat auf der Wiener Biologischen Station Wilhelminenberg einen recht interessanten Versuch gemacht, der ihm bei uns den Namen »Krötendompteur« eingebracht hat.

Er gewöhnte zunächst einige Kröten daran, daß sie zu bestimmter Stunde Tag für Tag auf einem Tisch ihr Futter in Form von Mehlwürmern bekamen. Dann besorgte er sich Holzstäbchen von der Länge und Dicke eines Mehlwurms und färbte sie verschiedenartig an. Manche einfarbig rot oder blau, andere in verschiedenen Farben quergeringelt. Diese Stäbchen band er an dünne Fäden und bewegte sie über die Tischplatte. Die Kröten reagierten darauf und schnappten nach ihnen. Natürlich merkten sie gleich, daß die Holzstückchen ungenießbar waren und ließen sie fallen. Schnappten sie nun nach einer bestimmten Farbe oder Farbkombination, tupfte er sie mit der Fingerkuppe auf die Nase, was Kröten nicht mögen und daher als »Strafreiz« empfanden. Schnappten sie nach einer anderen Farbe, erhielten sie einen Mehlwurm als Belohnung. So lernten sie bald, nur mehr nach den belohnungsträchtigen Stäbchen zu schnappen, die anderen aber zu ignorieren.

Das ist nur möglich, weil Kröten außerordentlich bedächtige Tiere sind, die nicht sofort und blindlings nach allem schnappen, was sich bewegt. Sie verfolgen gewöhnlich eine sich bewegende Beute sehr lange mit den Augen, so als wollten sie sich überzeugen, daß es sich wirklich um etwas Genießbares handelt. Es geht aber darum, den »Zielmechanismus« in Gang zu bringen. Die weit auseinanderstehenden Augen der Kröten visieren das Ziel an, das nur dann von der blitzschnell vorgeschleuderten, klebrigen Zunge erreicht werden kann, wenn es sich innerhalb eines bestimmten Entfernungsbereiches befindet. Ist es zu weit entfernt, macht die Kröte ein oder zwei Schritte darauf zu; die Augen müssen wieder in Zielstellung gedreht werden, um die Fangbewegung erfolgreich durchführen zu können – es gehört ja nicht nur das Vorschnellen der Zunge dazu, sondern auch notfalls ein Vorrücken des Körpers, um die Zunge nahe genug heranzubringen. Das erfordert eben sorgfältige Vorbereitungen – oft so sorgfältig, daß die Beute schon wieder aus dem Fangbereich ist und die Kröte erneut ein Stück nachgehen muß.

Das alles sieht ein wenig unbeholfen und komisch

aus. Aber es wirkt noch komischer, wenn sich eine Kröte zu wenig Zeit nimmt und prompt ihr Ziel verfehlt. Es wirkt dann fast so, als würde sie sich schämen.

Das Vorschnellen der Zunge – sie ist vorne angewachsen – geht so schnell, daß man es selbst bei äußerster Konzentration kaum richtig sehen kann. Danach folgt das Schlucken, das so mühsam wirkt, als hätte die Kröte eine mittlere Halsentzündung. Sie krümmt sich dabei in schrecklicher Qual und zieht die großen Augen ganz fest in die Aussparungen des Schädeldachs zurück. Hinterher öffnet sie den Rachen, als müsse sie tief durchatmen nach soviel Anstrengung. Auch ein Krötenleben ist nicht ganz einfach!

Zu Hause gehaltene Kröten sitzen meistens bewegungslos in einer Ecke des Terrariums, am liebsten unter einem Rindenstück oder unter einem halbierten Blumentopf. Sie lieben tagsüber das Dunkel. Nur an dem Auf und Ab der Kehle erkennt man, daß sie leben. Erst am Abend werden sie aktiv und wandern umher, wobei sie zunächst die flache, große Wasserschale aufsuchen, um ausgiebig zu baden. Außerdem regt sie es an, sich in beiden Stoffwechselformen zu lösen, weswegen man das Wasser täglich erneuern muß. Handwarm haben sie es am liebsten.

Natürlich kann man sie daran gewöhnen, auch tagsüber zu fressen. Sie begreifen sehr schnell, was es bedeutet, herausgehoben und auf eine bestimmte Tischplatte gesetzt zu werden. Voller Spannung warten sie da auf das Futter, und oft schnappen zwei gleichzeitig nach dem selben Wurm, was häufig ein lebhaftes Gerangel gibt. Hat ihn eine verschluckt, so starrt ihr die andere aufmerksam ins Gesicht. Aber nicht, weil sie erwartet, der Wurm käme wieder zum Vorschein, sondern weil das Augeneinziehen beim Schlucken Bewegungen vortäuscht, die vielleicht doch – so meint die andere Kröte – von einem Beutetier herrühren könnte. Bisweilen erwischt eine Kröte einen größeren Regenwurm derart ungünstig, daß sie ihn – meist mit Hilfe der vierfingrigen Hände – wieder aus dem breiten Maul herausholt. Das nützt dann gern eine andere Kröte, ihr den Wurm abzujagen.

Kröten scheinen auch ein auf Krabbelbewegungen von Insektenbeinen oder das Schwirren von Insektenflügeln fein abgestimmtes Gehör zu haben. Man kann übrigens die kreisrunden Trommelfelle, die an der Oberfläche der Haut zu beiden Kopfseiten ein Stück hinter den Augen liegen, deutlich sehen. Das mag eine Erklärung für die heiterste Geschichte sein, die ich je mit einer Kröte erlebt habe. Leopoldine, so hieß die stattliche Krötendame, durfte auf einem Tisch, auf dem ein Radioapparat stand, herumspazieren. Eben spielte man ein flottes Ständchen von Mozart, und es waren wohl die Obertöne der Saiteninstrumente, die Leopoldine faszinierten. Sie stellte sich mit den Vorderpfoten auf die schräg liegende Senderskala und starrte gespannt auf den Stoffbezug des Lautsprechers. So verharrte sie regungslos bis zum Ende des Stückes. Plötzlich kam die Stimme des Ansagers: »Sie hören nun eine Bundestagsrede von Bundeskanzler Konrad Adenauer.«

Worauf die gänzlich unpolitische Leopoldine regelrecht auf dem Absatz kehrtmachte und von dannen ging ...

Nachsatz:

Um keine falschen Vorstellungen aufkommen zu lassen – Leopoldine hörte sich grundsätzlich keine Politiker an, gleich, welcher Fraktion sie auch angehörten!

Wellensittiche

Zunächst fing es mit einem jungen Wolf an, der alle Leute biß. Das gab Ärger, einigen Briefwechsel, Telefonate – und schließlich dreihundert Wellensittiche im Austausch gegen den jungen Wolf. Die Vogelkundler der Forschungsstation rieben sich hochzufrieden die Hände, soweit diese nicht des Wolfs wegen bandagiert waren.

Die Vogelkundler hatten nämlich eine großartige Idee. Sie wollten Freiflugversuche mit den Wellensittichen anstellen. So wurde zunächst ein großer Käfig im Freien aufgestellt. Hierzu erklärten die Fachleute: »Jedes Tier muß erst einmal mit seiner Umgebung vertraut werden. Vögel, vor allem die so meisterhaft und schnell fliegenden Wellensittiche, sind Augentiere, die sich an markanten Geländepunkten orientieren. Wenn unsere Sittiche also einige Wochen Gelegenheit haben, ihre Umgebung zu studieren, werden sie sich alles genau einprägen, und es wird ihnen so vertraut werden, daß sie unser Gelände als ihr eigentliches Zuhause ansehen.«

In diesen Wochen der Eingewöhnung entstanden vor unseren »geistigen Augen« wunderschöne Bilder: Wir sahen bereits, wie aus den Kastanien, Buchen und Erlen die Wellensittiche zu uns herabzwitscherten, wie sie über dem Stationsgelände gleich bunten Schwalben behende ihre Kunstflüge ausübten, und wie sie sich dann am Futterplatz versammelten. Und sicher würden sie auch in den aufgehängten Brutkästen eifrig viele kleine Wellensittichkinder aufziehen! Ein faszinierender Traum.

Endlich kam der große Tag, an dem sie für eingewöhnt erklärt wurden. Der Käfig wurde aufgemacht.

Nach und nach verließen die dreihundert Sittiche ihren bisherigen Aufenthalt. Sie hatten es nicht sehr eilig damit. Sie saßen herum, besahen sich die große Welt, flogen auf die nächsten Bäume. Natürlich, sie erkundeten nun das Gelände genauer. Bald würden sie sich hier ganz heimisch fühlen ...

Dann aber strichen große Gruppen ab, eine nach der anderen, und bald waren all die grünen, blauen und gelben Vögel hinter dem Waldrand verschwunden. Die Vogelkundler hatten keine Bedenken und meinten nur, aus dem Schatz ihrer reichen Erfahrung schöpfend, daß dies so sein müsse – Wellensittiche hätten einen großen Flugraum, und sie würden nur das Land im weiteren Umkreis erkunden. Spätestens gegen Abend würden sie sich alle im vertrauten Wohngelände einfinden.

Sehr einleuchtend, aber falsch. Die Wellensittiche kamen nie wieder. Da und dort wurde einer gesich-

tet – das war alles. Sie waren weg: dreihundert schöne Wellensittiche, eingetauscht gegen einen bissigen Wolf. Die Träume waren zerronnen. Erst mit südamerikanischen Mönchsittichen, die seßhaft sind, sollten sie Wirklichkeit werden. Der Wellensittich aber führt in seiner australischen Heimat ein unstetes Wanderleben. Das ist lebensnotwendig, denn als Bewohner der weiten Trockengebiete ist er gezwungen, weite Strecken zurückzulegen, um da oder dort Nahrung zu finden. Dafür hat er seine langen Flügel, sein erstaunliches Flugvermögen.

Sittiche, die in so kärglichen Lebensräumen zu Hause sind, eignen sich entsprechend ihrer angeborenen Genügsamkeit natürlich besonders gut als Heimtiere; ihre Beliebtheit ist hinlänglich bekannt.

Leider vergessen viele Wellensittich-Freunde, daß nicht nur die Genügsamkeit, sondern auch das Bedürfnis nach Geselligkeit dem Sittich angeboren sind. Man hat Tierhändlern schon öfter den Vorwurf gemacht, daß sie allzuviele Sittiche in einem Käfig halten. Nun, ich glaube, das ist für sie einfacher zu ertragen, als ein Dasein in Einzelhaft – und sei der Käfig noch so groß. Geselligkeit ist dem Wellensittich ebenso lebenswichtig wie das Futter!

In einer Familie, in der man sich viel mit einem einzeln gehaltenen Sittich beschäftigt, ist der Vogel freilich vergnügt und munter. Man darf jedoch nicht vergessen, daß er den Menschen nur als Ersatz für seinesgleichen annimmt – weil ihm nichts anderes übrigbleibt.

Ich erinnere mich an einen Wellensittich, der mit einem Kanarienvogel zusammen gehalten wurde.

Es wirkte sehr eigentümlich, um nicht zu sagen, widernatürlich, wenn er diesem so gänzlich anders gearteten Tier seine artgemäßen Freundschaftsbezeugungen darbot – ihm das Köpfchen kraulte, mit ihm schnäbelte und seinen Kopf an ihm rieb. Der Kanarienvogel hatte zwar erstaunlicherweise manches vom Sittich gelernt. Nur ist es einfach erfreulicher, das Zusammenleben von zwei oder mehreren Wellensittichen zu beobachten. Sie werden zahm, wenn man sich genügend mit ihnen beschäftigt – nur auf eine weniger zudringliche Weise; vor allem betrachten sie dann den Menschen nicht als Geschlechtspartner, was oft genug unangenehme Situationen ergibt.

Wer also seinem Wellensittich ein wirklich guter Freund sein will, gibt ihm einen passenden Partner. Einen Wellensittich frei fliegen zu lassen, ist noch nie gut ausgegangen – spätestens im Winter gehen verflogene Sittiche aus Nahrungsmangel ein.

Das »Ketzer-Aquarium«

Was ich auf den Tod nicht leiden kann, sind jene mit allen Raffinessen der Technik eingerichteten Aquarien, in denen neben handelsüblichen Wasserpflanzen ein buntes Gewirr von zahlreichen »Zierfischarten« kaleidoskopartig umherflitzt. Schon das Wort »Zierfisch« verursacht mir eine Gänsehaut, denn all diese Fischchen hat die Natur weder hervorgebracht, um sich zu schmücken, noch um eine

»Zierde« des modernen Heims zu sein.

Gewiß, es sind wunderhübsche Tierchen, die unsere Fachhandlungen da anbieten – aber als Lebewesen sind sie nun einmal mehr als bloße Verzierung eines wassergefüllten und mühsam im Gleichgewicht gehaltenen Glaskastens. »Natur auf Krükken« habe ich das einmal genannt, und ich finde auch heute noch, daß das nichts anderes ist.

Aquariumbesitzer konservativen Stils rümpfen entsetzt die Nase, wenn sie meine verwahrlosten Becken sehen, in denen der Wasserspiegel abgesunken ist, in denen Pflanzen modern oder alles zugewuchert haben, die gelegentlich eine schwärzliche Brühe oder grasgrünes Wasser enthalten.

Dabei ist es unglaublich spannend, zu erleben, wie sich so eine grüne Brühe erst schwärzt, um nach einiger Zeit, oft nach Monaten, kristallklares Wasser, wie es bestenfalls Hochgebirgsbäche aufweisen, hervorzubringen, und nach weiteren Monaten einen ähnlichen Umwandlungsprozeß durchzumachen. Schon mit einer Lupe kann man spannende Dinge sehen, noch mehr natürlich, wenn man Wassertropfen unter dem Mikroskop betrachtet.

Ideal ist auch ein flaches, breites Becken, das einen niedrigen Wasserstand hat, wodurch die Größe der Wasseroberfläche zum Inhalt ein sehr günstiges Verhältnis bekommt: Teichschlamm rein, darüber Flußsand, Steine, Wasserpflanzen – sonst nichts außer einer Hundertwattbirne, die das Becken von oben her beleuchtet und auch die Oberfläche ein wenig aufwärmt – das beschleunigt den Gasaustausch. Sobald ein solches Becken zur Ruhe gekommen ist und die Pflanzen zu wachsen beginnen, geht es los.

So holte ich mir einmal einen Nerfling aus dem Lech – ein Fisch mit einem hohen Sauerstoffbedürfnis – und setzte ihn in dieses Becken. Er war allerdings erst ein paar Tage alt und bestand aus einem Strich mit zwei Punkten an einem Ende.

Vier Jahre lebte dieser Fisch dann in dem unbelüfteten Becken und wurde an die achtzehn Zentimeter lang. Das Becken hatte eine Länge von fünfundvierzig Zentimeter; Wasserstand: zwölf bis fünfzehn Zentimeter; Breite: dreißig Zentimeter. Leider passierte dann etwas: Über Nacht war das Wasser milchweiß geworden, und mein Fisch schwamm kieloben. Ursache unbekannt.

Dies zeigt, wie gut sich ein Jungfisch Verhältnissen anpassen kann, die gar nicht so artgemäß sind. Vielleicht könnte man daraus Nutzen ziehen, wenn man unsere verschmutzten Gewässer ansieht?

So ein Aquarium bietet aber auch noch ganz andere Möglichkeiten. Zum Beispiel als »Gästeaquarium«, das nur kurzfristig dem Aufenthalt von allerlei Getier dient, das man näher kennenlernen will. Wobei weniger an die Lebensweise oder das vielfältige Verhalten gedacht ist, als vielmehr an Aussehen, Form und Farbe des zu beobachtenden Tieres. Wer kennt schon unsere heimische Fischwelt? Wer gern wandert und dabei Bäche und Teiche oder Seen besucht, kann da ein recht interessantes Hobby entwickeln. Voraussetzung ist, daß er ein Büchlein zum Bestimmen unserer rund achtzig deutschen Süßwasserfische besitzt, in denen er auch vom Lebensanspruch und vor allem Nahrungsbedarf der jeweiligen Art etwas erfährt.

Sehr praktisch ist es, die Badewanne mit in Einsatz zu bringen. Sie war bei mir seit eh und je das wichtigste Hilfsmittel bei der Fischhaltung. Aale lebten in ihr, Karpfen von mehreren Pfunden, Karauschen, große Goldfische – freilich immer nur für höchstens eine Woche, dann ging es zurück in die Freiheit.

Zu dieser Badewanne gehörte dann eine Reihe leerer Becken, in denen ich auch die so anspruchsvollen Forellen oder die ihnen ähnlichen Saiblinge, eingebürgerte Nordamerikaner, Hechte oder Stromer, Elritzen und Koppen stundenweise unterbrachte, um sie mir einmal genau anzusehen, beim Futteraufnehmen oder in ihrem Verhalten untereinander zu beobachten. Nirgendwo anders kann man so gut sehen, wie fingerlange Moorkarauschen einem großen Spiegelkarpfen die Haut beknabbern gleich Putzerfischen aus den warmen Meeren und wie zwei Bachsaiblinge einander bekämpfen. Unsere heimischen Fischarten eignen sich mit Ausnahme einiger Arten wie Stichling, Moderlieschen, Jungkarpfen, Jungkarauschen und etlicher anderer Stillwasserformen, besonders für die Aquarienhaltung auf Dauer, ohne entsprechenden Aufwand oder so früher Eingewöhnung, wie ich es zuvor erzählt habe. Aber für den, der sie so nach und nach kennenlernen will, ist der Weg über das »Gästeaquarium« recht praktikabel. Aber muß es denn wirklich immer Fisch sein?

Es gibt auch Wasserschildkröten – die freilich

drei Nachteile haben. Erstens verwüsten sie konsequent jeden Pflanzenbestand, weswegen man sie nur in Mondlandschaften, bestehend aus Sand und Steinen, halten kann. Eine Korkrinde sollte man nicht vergessen, da sie gern das Wasser verlassen. Zweitens lieben sie wärmeres Wasser. Ein gut beheiztes Zimmer oder ein Heizstab sind daher Voraussetzung. Drittens verunreinigen sie das Wasser sehr bald, innerhalb von Tagen, und der ständige Wasserwechsel macht viel Mühe, wenn man nicht Riesenbecken aufstellen kann, wo man mit Hilfe einer kräftigen Filterpumpe viel erreichen kann.

Die Molche sind da schon eher zu empfehlen, nicht nur die vier einheimischen Arten wie Fadenmolch, Teichmolch, Alpenmolch und Kammolch. Sie sind aber meist nur im Frühjahr und Sommer Wasserbewohner, denn spätestens Ende August, Anfang September wollen sie das Wasser verlassen. Dazu muß man ihnen auf jeden Fall Gelegenheit bieten, sonst besteht die Gefahr, daß sie ertrinken. Es ist spannend, ihr Paarungsverhalten im Frühjahr zu beobachten, wenn sie ihr leuchtendes Prachtkleid angezogen haben. Auch ausländische Molcharten gibt es in größerer Zahl, sowie andere Schwanzlurche, von denen viele Arten zeitlebens im Wasser bleiben. Wie der mexikanische Axolotl, der bereits im Larvenstadium – mit großen Kiemenbüscheln hinterm Kopf – fortpflanzungsfähig wird.

Es gibt noch mehr Wirbeltierarten, die man im Wasserbecken halten kann, ein sehr hübsches einheimisches Säugetier ist darunter: die schwarz-weiße Wasserspitzmaus, die zusätzlich eine trockene

Insel braucht. Allerdings – sie hat einen Appetit, der, wie bei allen Spitzmäusen, ins Unermeßliche geht, und man muß sich schon sehr anstrengen, diesem andauernden Freßbedürfnis mit möglichst abwechslungsreicher Nahrung nachzukommen. Grundsätzlich frißt sie alles, was irgendwie nach Fleisch aussieht, ob das nun ein Regenwurm, ein Krebs, ein Fisch, eine Kaulquappe, ein Frosch oder ein Molch ist.

Und wer denkt schon daran, wenn von einem Aquarium die Rede ist, daß man darin auch Insekten halten kann? Etwa die verschiedenen Wasserkäfer, die teils Fleischfresser sind wie der Gelbrand mit seiner großen Verwandtschaft oder der pechschwarze Kolbenwasserkäfer (er gehört zur größten heimischen Art, der wie eine Reihe wesentlich kleinerer Verwandter auf pflanzliche Kost aus ist).

Dann gibt es Libellenlarven, ebenfalls üppige Fresser, die eines Tages den Schilfhalm emporklettern, um dicht über der Wasserfläche ihre Umwandlung zum fertigen Insekt durchzumachen. – Das Ausschlüpfen einer Libelle zu beobachten, halte ich für interessanter als einen aufgescheuchten Haufen bunter Fischchen, von denen stets zu viele in einem Becken gehalten werden.

Es gibt bei uns auch eine Spinne, die im Wasser lebt und hier kunstvolle Luftglocken zwischen den Wasserpflanzen anfertigt, Flußkrebse – die freilich viel Sauerstoff brauchen und auch ein wenig an Land wollen – und die eleganten Süßwasser-Garneelen.

Die verschiedenen Wasserschnecken sollten wir

auch nicht vergessen, von der üblichen Posthornschnecke über die Sumpfdeckelschnecke bis zur afrikanischen Apfelschnecke.

Schnecken vermehren sich sehr leicht im Aquarium, und man kann alles beobachten, von der Paarung bis über die Eiablage (die oft an der Scheibe erfolgt, wodurch man mit einer Lupe die Entwicklung der wie die Eier ebenfalls durchsichtigen Jungen verfolgen kann) und dem Schlüpfen der Jungschnecken.

Schließlich gibt es noch einige einheimische Süßwasser-Muscheln, von der kleinen weißen Erbsenmuschel bis hin zur mächtigen Teichmuschel.

Oder wie wäre es zur Abwechslung einmal mit Würmern? In den Bächen findet man die flachen, schwarzen Planarien an der Unterseite von Steinen, in Teichen größere, teilweise durchsichtige Arten an Wasserpflanzen. Auch die beim Schwimmen bandartigen Egel sind recht interessant, aber Vorsicht: sie steigen gern aus dem nassen Element und klettern aus dem Becken, wenn man es nicht ganz dichtmacht.

Das sollen nur ein paar Anregungen sein, das Aquarium dafür einzusetzen, die Tierwelt des Wassers, insbesondere die einheimische, einmal näher unter die Lupe zu nehmen. Es lohnt sich wirklich, einmal vom üblichen Weg abzugehen und sich zu einem solchen »Ketzertum« zu bekennen. Die Welt wird größer.

Goldfische

Zwei Stunden lang blickte ich vergeblich in den Sucher meines Fotoapparats. Zwei Stunden lang lag der Goldfisch, dessen Schwimmbewegungen ich aufnehmen wollte, fast unbeweglich am Grunde des Beckens – eines neu eingerichteten Beckens mit ganz sauberem Wasser. Ich verzweifelte langsam, wurde im Gegensatz zum Fisch unruhig und fing zu schimpfen an. Ich sagte »Idiot« und »Trottel« zu dem Fisch – mehr fiel mir im Augenblick nicht ein. Freund Wolfgang, der es sich auf der Couch bequem gemacht hatte, murmelte etwas von »Tierfreund« und »armen Fisch beschimpfen« – da fiel mir dann noch etwas ein: ein weitverbreitetes Zitat von Goethe.

Das traf zwar Wolfgang – nicht aber meinen Goldfisch, der nur gelangweilt die Kiemendeckel auf- und zuklappte. Gelegentlich streckte er auch seinen Karpfenrüssel aus. Sonst aber tat er rein gar nichts. Sogar seine lange Rückenflosse hatte er nach hinten geklappt. In meinem Grimm erklärte ich dem Fisch, daß die Leute ganz recht daran täten, ihre Becken mit fröhlichen, bunten Fischen aus den Tropen zu besetzen. Der Goldfisch gähnte gelangweilt (doch: Fische können tatsächlich gähnen!).

Um es kurz zu machen: Nach einer weiteren Wartestunde erklärte ich die Verhaltensforschung für einen Job für Nichtstuer, packte den sturen Fisch und setzte ihn dorthin zurück, wo ich ihn hergeholt hatte: in die Badewanne.

Nur am Rande: es gibt kein schöneres Aquarium

als die Badewanne. Darin können sich die Fische richtig ausschwimmen, man kann mit dem Überlauf für stets frisches Wasser sorgen, einen Blumentopf als Versteck reinlegen ... na, und wenn man unbedingt einmal baden muß, tut man die Fische eben kurzfristig in einen Eimer, das verzeihen sie ohne weiteres. Wie sonst könnte man beobachten, daß sieben bis zehn Zentimeter lange Goldfische und ihre nächsten Verwandten, die grünlichbraunen Moorkarauschen, einen dreipfündigen Karpfen vergnügt umschwärmen, um ihm sorgsam die Schuppenhaut von Verunreinigungen zu säubern? Oder feststellen, daß die Karauschen und Goldfische, offenbar in Kenntnis ihrer engeren Verwandtschaft, einen Schwarm bilden, während einige Jungkarpfen stets gemeinsam mit dem großen Onkel schwimmen?

Wenn man derlei sieht, beginnt man auch über Fische nachzudenken. Wie ich über jenen sturen Goldfisch, der aus der Badewanne in das Fotobecken mußte und danach das Bild eines introvertierten Denkers bot. All das liegt schon lange zurück. Aber noch heute, nach vielen Jahren, halte ich Karauschen, Goldfische, Karpfen – sollen doch Aquariumliebhaber über mich lächeln! Aquarianer, die mit tausend geheimnisvollen Kniffen »Problemfische« erfolgreich zum Züchten bringen, seltene »Exoten« studieren und wertvolle Beiträge zu deren Erforschung liefern. Ich habe viele Freunde unter ihnen – aber wenn sie meine Becken sehen, denken sie genau dasselbe über mich, was ich damals dem Goldfisch mitten ins unbewegte Gesicht sagte.

Aber wie das im Leben so ist: zwei, die mit einer zünftigen Rauferei anfangen, werden oft die besten Freunde! Wenn mir heute jemand sagt, ein Goldfisch wäre ein langweiliges Tier, dann ist die Reihe an mir, mitleidig zu lächeln. Natürlich – wenn man ihn zum Fotografieren in ein kleines ihm fremdes Becken setzt, wird er nichts tun. Er hat recht: Unbeweglich am Grund zu sitzen und abzuwarten – mit viel Geduld und Konsequenz – bietet die größtmögliche Chance, in einer fremden Umwelt zu überleben. Hechte, Fischreiher und Fischotter – fischlüsterne Gourmands – haben Augen, die auf Bewegung eingerichtet sind. Solange der Goldfisch also nicht weiß, was ihn bedrohen kann, verhält er sich still und beobachtet erst einmal. Das ist doch recht klug? Natürlich keine große Denkleistung, aber ein zweckmäßiger, dem Überleben angepaßter Instinkt.

Aber der Goldfisch lebt nicht von Instinkten allein – er kann auch lernen. Er ist imstande, sich die Zeit zu merken, zu der es Futter gibt; dann erwartet er schon sein »Herrchen« an der Stelle des Beckens, an der das Futter verabreicht wird. Er lernt die Hand kennen, aus der er bald ohne Scheu das Futter nimmt. Er lernt, durch einen kleinen Reifen zu schwimmen, ehe er sein Futter erhält. Ich hatte einen größeren Goldfisch, der innerhalb von acht Tagen folgende Leistung vollbrachte: Er legte sich auf die waagerecht ins Wasser gehaltene Hand, um in ein anderes Becken gebracht zu werden, wo er dann sein Futter erhielt. Das sind schon ganz beachtliche Leistungen, die man nicht ohne weiteres bei manch anderen Fischarten erzielen kann. Der Goldfisch ist ein gelehriger Schüler, mit dem man sich nur viel beschäftigen muß – dann wird man ihn bald schätzenlernen und so manchem bunten Tropenfisch vorziehen. Er ist auch – wie viele seiner Verwandten aus dem Karpfengeschlecht – recht kontaktfreudig, bereit, mit jedem, der ihm entgegenkommt, auf seine Weise Freundschaft zu schließen. Eine Freundschaft freilich, die wie so manche Liebe über den Magen geht!

Frosch im Glas

Da der Laubfrosch tatsächlich im Laub lebt, gehört er zu jenen Tierarten, die einen vernünftigen Namen haben. Er fühlt sich wohl in Baumkronen, Sträuchern, im Schilf – überall, wo es Blätter gibt. Das hängt vor allem auch damit zusammen, daß Blätter Feuchtigkeit abgeben, die er dringend braucht. Nur bei hoher Luftfeuchtigkeit oder warmem Regen kann er auf die Blätter verzichten und steigt dann gelegentlich von seinen luftigen Aufenthaltsorten herab, weil es dann in Bodennähe viele Insekten gibt, von denen er bekanntlich lebt.

Das mag ihm auch den Ruf eines »Wetterpropheten« eingetragen haben, aber da er gewöhnlich die Wetterlage erst dann erkennt, wenn sie gegeben ist, unterscheidet er sich wenig von meteorologischen Prognostikern.

Laubfrösche sind nicht nur ihrer schmucken grünen Tracht, sondern auch ihrer recht beachtlichen Gelehrigkeit wegen weithin beliebt – so beliebt, daß man zu seinem Schutz den Handel mit einheimischen Grünröcken verboten hat. Kein Tierschützer ist aber böse, wenn man sich einmal einen Laubfrosch, den man im Garten oder am Spazierweg gefangen hat, mit nach Hause nimmt. Allerdings – bitte nicht im Frühjahr, Ende April und den Mai über – während dieser Zeit sind sie zwar am leichtesten zu fangen, weil sie an den Ufern der Tümpel und Teiche sitzen; nur sollen sie halt hier erst einmal für den notwendigen Nachwuchs sorgen.

Aber auch im Herbst ist das so eine Sache. Laubfrösche lassen sich zwar unbeschadet über Winter in der warmen Stube halten, verzichten dann allerdings im Frühjahr auf die Fortpflanzung. Voraussetzung für sie ist nämlich – wie bei allen einheimischen Froschlurchen – der Winterschlaf.

Die Fütterung im Winter ist etwas problematisch. Mehlwürmer nimmt er gern, bald auch von den Fingern oder einer weichen Pinzette, wie sie Briefmarkensammler verwenden – aber ob er seine zwanzig Jahre, die er von Natur aus leben kann, bei einer so einseitigen Kost und ohne die erholsame Winterschlafpause erreicht, ist umstritten. Wer in einer Stadt lebt, hat es etwas leichter. In den Geschäften für Sportfischer kann man unterkühlte Fliegenpuppen kaufen. Bringt man sie in die Wärme, schlüpfen sie und geben eine gute Nahrung für den Frosch ab. Im Frühjahr und Sommer hat man es aber auf jeden Fall leichter mit der Ernährung, und der beste Laubfroschhalter ist stets, wer

ihn Ende Mai fängt, ihn bis zum Oktoberanfang gut füttert – besonders die letzten Wochen im September – und dann an einem warmen Sonnentag im Garten oder eben dort, wo er ihn gefangen hat, wieder freiläßt.

Selber erlebt habe ich es nicht, aber die Geschichte soll verbürgt sein. Da hatte jemand einen Laubfrosch seit Jahren gehalten. Eines Tages stand das »Gurkenglas« am offenen Fenster, der Frosch entkam. Und als die kühlen Herbsttage einsetzten, krabbelte er wieder in sein Glas, das man an Ort und Stelle stehengelassen hatte. Er hatte eben Hunger und kehrte zu den heimischen Mehlwurmtöpfen zurück. Eines jedenfalls ist sicher: schlaue Kerlchen sind sie, die kleinen Laubfrösche, und sie haben von allen einheimischen Fröschen das bestentwickelte Gehirn. Das kommt wohl daher, daß sie auch in unübersichtlichen Baumkronen und Büschen zu Hause sind und allerlei leisten müssen, um sich dort zurechtzufinden. Man bedenke: Da sitzt so eine Fliege auf einem Blatt und putzt sich die Beinchen. Der Frosch ist fünfzig Zentimeter weit weg. Er wendet sich ihr zu, dreht die Augen zum Insekt – Zieleinstellung. Und gleichzeitig muß er einkalkulieren, daß er, frei durch die Luft springend und nach dem Insekt schnappend, auch einen Landeplatz finden muß; denn ein Sturz vom Wipfel des Birnbaums ist selbst für einen elastischen Frosch mehr als unangenehm. Er hat es entschieden schwerer als die Kröte, die behäbig am Boden bleibt. Gewiß, er hat seine Haftscheiben an den Zehen, – diese helfen ihm jedoch auch nichts, wenn das Ziel verfehlt wird. Außerdem: Zur Fortpflanzungszeit muß er sich sowohl am Boden als auch im Wasser zurechtfinden, muß geschickt schwimmen und tauchen können (die Ringelnattern fressen ihn allzugern – da heißt es schnell sein!), und er muß später wieder losmarschieren, um sich seinen gewohnten Strauch oder Baum zu suchen. Das sind viele von der Natur geforderte Leistungen, die so einem kleinen Frosch ganz schön zu schaffen machen und dementsprechend auch geistiger Fähigkeiten bedürfen, die größer sind als bei den dem Erdboden verhafteten Verwandten. Nun, er hat sie, sonst wäre er längst ausgestorben. Ein Schicksal, das ihm bei uns ohnehin droht, wenn man weiter so bedenkenlos durch »Flurbereinigungen« und Vernichtung stehender Gewässer seine Fortpflanzungsmöglichkeiten weiter einschränkt.

Und man darf nicht außer acht lassen, daß ein Tierchen mit derartigen Fähigkeiten zwar im üblichen »Froschglas« gut am Leben erhalten werden kann, dies allein aber nicht Sinn und Zweck einer Tierhaltung sein sollte. Gewiß, der »Frosch im Glas« ist leicht zu handhaben: Man nehme ein oben möglichst weithalsiges Einmachglas, tue soviel Wasser hinein, daß es zwei Zentimeter hoch steht, stelle eine Leiter (Tierhandlung) in das Behältnis und verschließe es mit einem festen Papier, in das man eine Reihe Luftlöcher gemacht hat, oder nehme ein Fliegengitter als Verschluß. Das ist ganz einfach, und manchmal für den Anfang sogar zu empfehlen, damit sich der kleine Frosch an den Anblick des Menschen und seine Fütterungsmaßnahmen gewöhnt. Er lernt rasch, bis zum Rand des Glases zu kommen, wenn man den Deckel abnimmt, um dort sein Futter in Empfang zu nehmen. Freilich – ab und zu springt er einem ganz unvermittelt auf Nase oder Stirn, auf die Dauer findet er es nun einmal zu langweilig in dem Glas.

Ich finde, daß ein ausgedientes Aquarium mit Aquariensand (nicht zu feinkörnig), eine große Wasserschüssel oder Töpfe mit lebenden Grünpflanzen (herrlich wuchert da die Tradescantia!), verschlossen mit Fliegengitter, ein viel schönerer Aufenthalt ist.

Abstand halten – auch bei Pferden

Ein Wolkenbruch durchnäßte uns in Sekundenschnelle bis auf die Haut. Die Vermessungsübung wurde abgebrochen, und wir liefen zu den Pferden, die wir in einem schütteren Wäldchen angebunden hatten. Verzweifelt irrte ich umher – ich konnte meine »Nora« nicht finden! Die anderen waren bereits aufgesessen, und so eilte ich zu dem Pferd, das übriggeblieben war. Tatsächlich – es trug meinen Sattel! Aber das sollte meine Nora sein? Dieses dünne, hagere Pferdchen? Unmöglich...

Beim Anziehen des Sattelgurts kam mir die Erleuchtung: der starke Regen hatte das lange, zottige Fell meines Pferdes so durchnäßt, daß es dicht am Leib anklebte und die sonst so rundliche Form entstellte.

Froh, mein Pferd wiederzuhaben, ritt ich den

andern nach und reihte mich ein. Nach einer Weile bemerkte ich, daß Nora ständig die Ohren anlegte. Ich drehte mich im Sattel um und sah unseren neuen Unteroffizier, der dicht aufgeritten war.

Nora war ein Pferd, das mit Wonne vorne biß und hinten schlug. Gleich am ersten Tag unserer Bekanntschaft gab sie mir einen so schlagkräftigen Beweis dieser Eigenschaften, daß ich für eine Woche ins Lazarett mußte. Da ich nicht unbelehrbar bin, vertrugen wir uns danach aber doch recht gut. Was sie allerdings auf den Tod nicht leiden konnte, war, wenn ein Reiter zu dicht aufschloß.

Ich warnte also pflichtgemäß den unvorsichtigen Vorgesetzten, doch er lachte nur höhnisch und beleidigte meinen »Hafervergaser«, der – ich muß zugeben – in dem klatschnassen Zustand wirklich alles andere als schön war.

Nun sind die Ohren eines Pferdes so etwas wie ein »Seelenspiegel«; man kann an ihrer Stellung sehr genau ihren Gemütszustand erkennen. Parallel nach vorne gestellt, drücken sie Spannung und Aufmerksamkeit aus, seitlich in die Horizontale gehalten, sagen sie gar nichts aus; nach hinten gerichtet, zu den Halsseiten hin, bedeuten sie: »Vorsicht – ich bin in schlechter Stimmung.«

Ich beobachtete also weiterhin die Ohren meiner Nora. Solange sie an den Halsseiten nicht ganz fest anliegen, würde sie nichts tun. Also mußte ich da ein wenig nachhelfen, um dem Herrn hinter mir das Fürchten zu lehren. Ich gab ganz sanfte, vorsichtige Paraden, der Schritt Noras wurde unmerklich langsamer – und dann lagen die Ohren auch

schon ganz flach am Hals. Ein kurzer Schenkeldruck – und die Hinterhufe meines Pferdchens
schnellten blitzschnell nach oben. Das Pferd des
Hintermannes sprang erschrocken zur Seite, und der
Reiter geriet ein wenig in Wohnungsnot. Fluchend
hielt er von da an den von Nora gewünschten Abstand.

Es gibt viele Pferde, die es nicht vertragen, wenn
ein anderes Pferd zu dicht neben ihnen geht, und
noch weniger, wenn es zu dicht hinten dran ist.
Daran sollte man bei Ausritten im Verband denken.
Die meisten Reitschulpferde, die sich gut kennen,
sind gewöhnlich weniger empfindlich. Aber es ist
wie im Straßenverkehr: »Abstand halten« ist auch
beim Reiten zweckmäßig. Freilich hat man hier andere Möglichkeiten, da man sein Pferd oder das des
Nachbarn leicht testen kann. Man muß nur Abstand und Ohrhaltung vergleichen. Manche Pferde
freuen sich sogar, wenn sie engeren Anschluß bekommen, und es gibt unter ihnen ausgemachte
»Kleber«, die sich gern so dicht an ein anderes
Pferd herandrängen, daß Schenkel und Steigbügel
der Reiter kollidieren. So ein Pferd sollte ein »Herrenreiter« nur dann gewähren lassen, wenn er sich
neben einer hübschen Reiterin befindet ...

Beobachtet man Pferde auf einer Koppel, sieht
man sehr deutlich, daß sie voneinander stets Abstand nehmen. Kommt ein Pferd beim Grasen einem andern unabsichtlich zu nahe, richtet das eine
seine Ohren zu den Halsseiten und wirft ihm vielleicht noch einen schielenden Blick zu – sofort geht
das andere Tier wieder auf Distanz.

Dieser »Individualabstand« steht bei den Wildpferdahnen mit dem Nahrungsangebot in Zusammenhang. Je dürftiger die Weideverhältnisse, desto größer der Abstand. Die in trockenen, vegetationsarmen Hochländern lebenden Bergzebras haben einen sehr großen Individualabstand und sind daher im Zoogehege viel unverträglicher als die ostafrikanischen Steppenzebras, denen im Freileben der Tisch reichhaltiger gedeckt ist. Es handelt sich also um artlich festgelegte Verhaltensweisen, die sich unter den ökologischen Verschiedenheiten der jeweiligen Heimatgebiete eingespielt haben. Der große Schwankungsbereich unserer Hauspferde hinsichtlich ihres Individualabstandes läßt sich darauf zurückführen, daß diese verschiedenartige Ahnen haben, die an ebenso verschiedenartige Lebensräume angepaßt waren. Wer Pferde genauer beobachtet, wird noch eine ganze Reihe weiterer Verhaltensunterschiede bei ihnen feststellen können, die sich daraus erklären. So kommt es also, daß jedes Pferd anders ist, und wer ein ihm fremdes Pferd besteigt, sollte zu seiner und der anderen Sicherheit erst einmal den Individualabstand testen.

Familie mit Hund

Eine Familie mit Hund hat es gar nicht so leicht. Ein Hund ist nämlich kein Möbelstück, das man je nach Lust und Laune hierhin und dorthin schieben kann. Ein Hund ist vielmehr ein recht empfindsamer Geselle, der ganz genau wissen möchte, welchen Platz er innerhalb der Familie einnimmt. Das ist so, weil er bereits von Natur aus ein ausgeprägtes Familientier ist, ein Abkömmling der in sehr hierarchischer Ordnung lebenden Wolfsfamilie.

Daraus ergibt sich, daß er sich nur in einer Familie wohlfühlt und sein wahrhaft »familiäres« Wesen nur in einer Familie entwickeln kann, die selber weiß, was sie will. Eine Familie, die nicht durch falsch verstandene Ideen über Emanzipation und antiautoritäre Erziehung auseinanderzufallen droht. Für einen Hund sind derartige Dinge absolut unverständlich und führen ihn zwangsweise zu Protestreaktionen, die angesichts seiner spitzen Zähne sehr unangenehm werden können. Aber auch »Protest-Häufchen« auf dem Teppich sind schließlich schon genug unerfreulich.

Für den normalen Hund ist es ganz selbstverständlich, daß es in seiner Familie eine ausgeprägte Rangordnung gibt; denn schließlich muß ja einer die ganze Gemeinschaft anführen. Das ist für so ein Hundegehirn völlig normal und so selbstverständlich, daß es andere Verhältnisse gar nicht erfassen kann. Kommt der Hund aber dahinter, daß es da an einem Rudelführer fehlt, fühlt er sich einfach verpflichtet, diesen Posten einzunehmen. Schließlich muß doch einer die Verantwortung tragen! Geht ihm jedoch die notwendige Familienordnung ab, dann ist es nur eine Frage der Zeit, wann er durchdreht. Das ist vor allem bei jenen Hunden der Fall, die von Natur aus nicht das Zeug dazu mitbringen, ein »Kopfhund« zu werden, also Rudelführer zu spielen. Aber selbst ein Kopfhund nimmt gern in der menschlichen Familie die letzte Stelle ein – sie genügt ihm. Schließlich bringt die Aufgabe, Rangoberster zu sein, eine Menge Pflichten und viel Verantwortung mit sich. Auch Hunde folgen dem Trägheitsprinzip und überlassen derartiges lieber einem anderen.

Dennoch ist es so, daß auch der Allerletzte einer Gruppe stets darüber informiert sein möchte, was »oben« geschieht. Nicht wegen der Mitbestimmung, nur wegen des Gefühls, daß man eben »dazugehört«. Er fühlt sich erst dann in tiefster Seele verletzt, wenn man ihm dieses Naturrecht verweigert; wenn er völlig übergangen wird und man ihn nicht am Gesamtgeschehen teilnehmen läßt.

So etwa, wenn die Familie Zuwachs erhält. Das geht den Hund sehr viel an, denn wenn man ihn mit dem Neuankömmling sofort »bekanntmacht«, wird er sich für ihn mitverantwortlich fühlen. Er hat von Natur aus ein sehr feines Gespür für alles, was noch klein und pflegebedürftig ist. Auch ein kleines Kätzchen wird er unter solchen Umständen gern als neuen Hausgenossen akzeptieren, und natürlich auch einen kleinen Welpen, den man als Zweithund angeschafft hat. Was neu in die Familie kommt, gehört für ihn jedoch nur dann wirklich zur Familie, wenn er es genau wie alle anderen mitaufnehmen darf. Und er muß wissen, daß er durch den Neuankömmling nicht aus der Gruppe verbannt wird, wie das leider aus falschem Hygienefimmel heraus oft genug geschieht. Man kann das Baby nämlich hinterher waschen, wenn ihm der Familienhund die Zunge übers Gesichtchen gezogen hat, um es zu begrüßen. Erlaubt man ihm das nicht, kann man in dem Hund das Gefühl erzeugen, daß er nunmehr aus dem Familienverband verdrängt worden ist.

Ganz gewiß sind Hunde mitunter sogar außerordentlich klug – aber noch viel feiner strukturiert ist ihr Empfindungsvermögen. Wir Menschen sind dagegen grobe Klötze! Beachten wir diese Sensibilität unseres Hundes, dann ist für ihn – und damit auch für uns – die Welt in bester Ordnung.

Wie man Welpen erzieht

Über eines sollten wir uns gleich von vornherein verständigen: Alle Erziehung steht und fällt mit dem eigenen Erzogensein. Unbeherrschtheit, Inkonsequenz, Unsicherheit, Egoismus oder Herrschsucht sind nur einige der Eigenschaften, mit deren Hilfe wir zuverlässig aus jedem Welpen einen neurotischen Hund machen. Und gleich noch etwas: Die Familie sollte sich auf ein einheitliches Erziehungsprogramm einigen, noch ehe das neue Familienmitglied über die Schwelle des Hauses getragen wird.

Es gibt wenige Tierarten, deren Kinder so auf Erzogenwerden vorgeprägt sind, wie das bei Hunden der Fall ist. Unter natürlichen Verhältnissen übernimmt der Vaterrüde die Erziehung. Auch er ist von der Natur gut auf seine Rolle vorbereitet. Aus den kleinen Welpen werden dank seines genau ausgewogenen »Erziehungsprogramms« dereinst tüchtige Rudelgenossen.

Wir können viel von so einem instinktsicheren Vaterrüden lernen. Seine Erziehungsgrundlagen sind: Vorbild sein, äußerste Konsequenz und – wenn's unumgänglich ist – auch dem Welpenalter angepaßte Prügel. Das klingt alles sehr unmodern autoritär, ist aber erwiesenermaßen erfolgreich, da der Hund Autorität nicht mit Despotentum verwechselt.

Aus diesem Grund gibt er dem Welpen auch, was des Welpen ist: nämlich das Spiel. Der sonst so strenge Vater weckt gewissermaßen das eigene »Kind im Manne« und wird nicht müde, mit den Welpen herumzutollen und ihnen beim Spiel dieses und jenes beizubringen. Und »spielend« wird die Lernfreudigkeit des Junghundes gefördert. Wenn wir uns also ein wenig in diese Dinge hineindenken, haben wir als Welpenerzieher so gut wie gewonnen. Der kleine Hund wird ein unerschütterliches Vertrauen zu uns entwickeln und unsere »über alles erhabene Autorität« so verehren, daß er es gar nicht merkt, wenn wir später einmal bei einer weiterführenden Ausbildung kleine Schnitzer machen. Und er wird auch, klüger und einfühlsamer geworden, unsere menschlichen Schwächen großzügig tolerieren.

Ich sprach vom Erziehungsprogramm des Vaterrüden. Es ist genau auf die jeweiligen Altersstufen der Welpen abgestimmt. Die Welpen wiederum nutzen die in den einzelnen Entwicklungsphasen angeborenen Lernbegabungen. Werden diese Begabungen ignoriert, verkümmern sie wieder und können für alle Zeiten verlorengehen. Hierzu gleich ein Beispiel:

Wenn man einem Welpen in der Zeit zwischen der dritten und achten Lebenswoche niemals Gelegenheit gibt, die Hand zu beschnuppern, mit dem Menschen hautengen Kontakt aufzunehmen, dann kann man danach noch so gut zu dem Kleinen sein – er wird in seinem ganzen Leben nie mehr einen echten, tiefergehenden Kontakt zum Menschen finden. Der Zweibeiner wird ihm immer etwas Fremdes, Wesensfernes bleiben, dem er sich bestenfalls beugt. Die Aufgeschlossenheit und Kontaktfreudigkeit gegenüber dem Menschen hängt eben wesentlich davon ab, wieviel Zeit er für den Welpen in jener Entwicklungsphase aufgebracht hat. Hat ein Welpe in der Zeit zwischen der achten und der sechzehnten Lebenswoche niemals Gelegenheit gehabt, mit Menschen zu spielen, kann man sich danach noch so bemühen – es hilft nichts mehr. Er wird all unseren Spielversuchen völlig verständnislos gegenüberstehen und bestenfalls demütig vor uns am Boden liegen, wenn er in der erstgenannten Lebensphase guten und ausreichenden Kontakt mit uns entwickeln konnte. Auch hier gilt wieder: Je mehr diese Zeit genutzt wurde, umso freudiger wird der erwachsene Hund künftig mit uns zusammenarbeiten. Er hat durch dieses Spiel mit dem Menschen bereits gelernt, daß gemeinsames Tun überaus erfreulich ist und wird daher späterhin unseren weiteren Ausbildungsabsichten sehr aufgeschlossen gegenüberstehen.

Kontaktnahme und Spiel sind also die Anfangsgründe aller Erziehung. Die Welt ist aber auch voller Gefahren – daher muß der Erzieher unbedingt die Möglichkeit haben, den unerfahrenen Welpen vor ihnen zu schützen. Ohne vertrauensvollen Gehorsam geht das aber in vielen Fällen nicht. Dem Welpen muß bereits in früher Kindheit ein Verständnis für Verbote anerzogen werden. Man kann ihm alles verbieten und diese Tabus auch mit angemessener Strafe durchsetzen. So mit der zusammengerollten Zeitung als ungefährlichem Schlaginstrument. Oder, ganz artgemäß, durch festen Griff ins dehnbare Nackenfell mit den Steigerungen: Schütteln, Hochheben, Hochheben und Schütteln.

Ein kluger Welpe will genau wissen, ob ein Tabu, das wir gesetzt haben, auch unbedingt sein muß. Er wird also umgehend versuchen, das Verbotene erneut zu tun. Damit prüft er unsere Konsequenz. Denn die sogenannte Strafe empfindet er nämlich gar nicht als solche. Für ihn ist sie nur Ausdruck unserer Konsequenz, und deswegen blickt er uns nach dem Klaps auch freundlich an und wedelt zufrieden mit dem Schwänzchen.

So können wir dem kleinen Hund also verbieten, die Schwelle zur guten Stube zu übertreten, auch wenn die Tür offensteht, Teppiche und Möbel anzunagen, Bücher aus dem Regal zu ziehen und anderen Unfug anzurichten. Natürlich dürfen wir nicht vergessen, daß er seine Zähne betätigen muß. Man sollte ihm daher Dinge überlassen, die ohnehin für den Mülleimer bestimmt sind, und dazu noch die in allen Tierhandlungen erhältlichen »Kauknochen« aus Büffelhaut. Verbote lernt der durchschnittlich intelligente Welpe innerhalb von Stunden, wenn auch diese Tabus in den nächsten Tagen noch gefestigt werden müssen.

Nur etwas können wir nicht durch Verbote erreichen: die leidige Stubenreinheit! Hier nutzt nur Aufmerksamkeit. Schon am ersten Tag muß man sich die Zeit nehmen, den Welpen zu beobachten. In dem Augenblick, in dem er mit tiefer Nase den Boden beschnuppert und im Kreis geht, nehmen wir ihn freundlich auf und führen ihn dorthin, wo er darf und soll. Tut er es (anfangs natürlich meist nie), dann loben wir ihn überschwenglich. So erreichen wir unser Ziel in drei Tagen! Ist es einmal aber doch hinter unserem Rücken passiert, dann gibt es nur eines: aufputzen und das nächste Mal besser aufpassen ...

Zuletzt noch eine Bitte: Lassen Sie den kleinen Hund sooft als möglich auch mit seinesgleichen spielen – er braucht das für eine gesunde Entwicklung, und er wird später anderen Hunden stets freundlich entgegentreten. Was ihm und Ihnen das Leben leichter und schöner macht.

Dingos im Haus

Wir hatten sie Abo und Suki getauft, die beiden zehnwöchigen Dingo-Geschwister aus dem Nürnberger Tiergarten. Schon der Transport der beiden australischen Wildhund-Welpen war abenteuerlich. Fast hundert Kilometer weit kämpften wir uns mit dem Wagen durch einen nächtlichen Schneesturm.

Doch schnell war die abenteuerliche Heimfahrt vergessen: ein Traum war in Erfüllung gegangen, wir hatten nun endlich die ersehnten Dingos! Noch ahnten wir nichts von dem, was uns noch bevorstehen sollte. Vierundzwanzig Stunden später hatte das muntere Geschwisterpärchen bereits von unserem Haus Besitz ergriffen. Eine geradezu umwerfende Neugier trieb sie zu rastloser Arbeit – es mußte alles untersucht werden, was das obere Stockwerk zu bieten hatte. Zum Glück erschien ihnen die steile Treppe nach unten unheimlich, da wagten sie sich – noch nicht – hinab.

Dieser Umstand ermöglichte es uns, nach und nach unsere Habe aus dem Gefahrenbereich ihrer Zähne zu bringen. Neben Auge und Nase gehören die Zähne nämlich zu den wichtigsten Untersuchungswerkzeugen eines Dingos. Es spielt dabei übrigens keine Rolle, ob er noch sehr jung oder schon erwachsen ist, diese tiefverwurzelte, das ganze Wesen bestimmende Neugier, hält sein ganzes Leben an. Und was die kleinen, spitzen Milchzähne der Welpen nicht kleinkriegen, holen später die kräftigen Dauerzähne nach, denn die Backenmuskulatur eines Dingos ist gewaltig!

Wenn sich diese Neugier mit Intelligenz paart, gibt es einfach keine Schranken. So hatte ich die schweren Lexika auf einem fast zwei Meter hohen Wandbord aufgestellt. Schon lange hatten die wissensdurstigen Junghunde nach diesen Bänden geschielt, konnten sie aber nicht erreichen. Bis eines Tages, nach einem Besuch, ein Sessel dicht davorstand. Während wir die Freunde nach unten begleiteten und verabschiedeten, erkannten die klugen Hunde ihre Chance. Wir hörten ein Poltern und liefen die Treppe hoch. Sie hatten bereits acht Bände herabgeworfen! Auf dem freigewordenen Regal stand Abo und winkte freundlich mit der Rute herab. Ein gewöhnlicher Hund wäre sofort schuldbewußt herabgesprungen – nicht so ein Dingo. Dazu ist er viel zu selbstbewußt. Abo ließ sich herabheben und schleckte mir freundlich das Gesicht. Er lag überhaupt gern in meinen Armen, kam sich aber erst so richtig erhaben vor, wenn er auf meinen Schultern liegen konnte. Dies erschien ihm als der vornehmste Platz, den sich ein Dingo erobern konnte.

Abo und Suki waren bei aller rührenden Anhänglichkeit durchaus frei von Komplexen. Schimpfte man sie wegen eines Vergehens, sahen sie einen nur höchst erstaunt von der Seite an, als wollten sie sagen: »Wieso regt sich der denn so auf?«

Eines Tages wagten wir uns für einen Nachmittag fort und sperrten zur Sicherheit die Dingos in einem bereits weitgehend geleerten Zimmer ein. Als wir zurückkamen, empfingen sie uns voll Freude im Flur. Es muß ihnen offenbar zu langweilig geworden sein, und so hatten sie kurzerhand – wohl in Gemeinschaftsarbeit – die eine Ecke der Tür zum Flur weggenagt. Das ist für einen Dingo ein kleiner, fröhlicher Scherz. Übrigens war auch ein unter Strom stehendes Kabel glatt durchgebis-

sen worden – es sah aus wie mit einer Rasierklinge durchtrennt. Ich würde niemandem raten, dies mit einer Schere nachzuahmen!

Man kann Wildhunde wirklich nicht ohne Aufsicht im Haus lassen. Deshalb richteten wir den ehemaligen Kuhstall des Bauernhofs als Aufenthaltsraum für die Dingos ein. Dort hatten sie viel Platz zum Herumtoben, wenn wir weg mußten oder keine Zeit für sie hatten. Bald hatte Abo jedoch herausgefunden, wie die schwere Tür aufzumachen ist. Ich sah ihn um das Haus rasen, zielstrebig zu den Hühnern des Nachbarn, die er durch das Kuhstallfenster beobachtet hatte. Eine Minute später legte er mir stolz eines dieser Hühner zu Füßen, offensichtlich Lob erwartend.

Also wurde die Tür besser verriegelt. Und Abo »mußte« das nächstemal eben durch das geschlossene Fenster springen – Glas gibt ja nach! Das hat innerhalb weniger Minuten wieder fünf Hühnern in einem und fünf Hühnern in einem anderen Hof das Leben gekostet. Und mich eine Menge Geld.

Ich habe in der Zwischenzeit noch mehr Dingos im Haus zu halten versucht. Ich würde sagen: sie sind ungewöhnlich liebenswürdige und sehr anschmiegsame Hunde – aber im Haus – nein. Bei aller Liebe – es geht einfach nicht. Unbedingt notwendig sind ein großer, gut gesicherter Zwinger und paarweise Haltung, da sie Familientiere sind. Läßt man sie für einige Stunden aus dem Zwinger in das Haus, dann benehmen sie sich so gesittet, daß es eine Freude ist. Sie wissen warum!

Wohngemeinschaft mit Tieren

Tiere im Haus zu halten, ist entschieden eine Bereicherung unseres Lebens und Erlebens. Nicht immer jedoch wird das Leben der Tiere dadurch reicher und schöner!

Was wird da alles falsch gemacht! Das beginnt schon bei der Wahl des künftigen Hausgenossen. Da kauft man so ein niedliches Krokodilbaby und steht einige Jahre später vor der verzweifelten Frage: wohin nun mit dem Ungetüm? Oder man erwirbt ein verspieltes Katzenkind aus den Tropen. Wird so eine exotische Wildkatze aber voll erwachsen – die meisten sterben bald –, stellt sich heraus, daß sie aus vielerlei Gründen als Heimtier ungeeignet ist. Auch Affen in der Wohnung können einem das Leben schwer machen – vom unangenehmen Geruch ganz zu schweigen. Wildtiere sind also fehl am Platz, falls man nicht ein eigenes, etwas abseits gelegenes Haus mit Garten besitzt, in dem man unter sachlicher Beratung geeignete Gehege bauen kann.

Seit langer Zeit hat sich der Mensch Heimtiere geschaffen, Tiere, die durch ihre Umzüchtung wirkliche »Haustiere« geworden sind. So angepaßt etwa wie ein Eisbär an das Leben in der Arktis oder ein Kolibri an die Nektarblüten tropischer Gewächse.

Trotzdem kann man aber auch bei Haustieren Fehler über Fehler machen. So ist ein Bernhardiner entschieden zu groß für eine Appartementwohnung, ein Malteserhündchen in der Rolle eines besitzverteidigenden Hofhundes wenig sinnvoll. Falsche Haltung wird gerade für den so sensiblen »besten Freund des Menschen«, den Hund, zu einer Qual. Wobei zuviel »Liebe« auch nicht unbedingt das ist, was ihn freut. Wer seinem Hund erlaubt, im Bett zu schlafen, ist selber schuld. Ob es wirklich ideal für Herrn und Hund ist, steht auf einem anderen Blatt. Es gibt Hundekrankheiten, die auf den Menschen übertragen werden können, und wenn ich auch der letzte bin, der sich darüber Kopfzerbrechen macht: der Hund im Bett ist wirklich nicht zu empfehlen. Obwohl einer meiner Hunde das Recht hat (er nahm es sich ganz einfach – was sollte ich da tun?), am Fußende meines Bettes zu schlafen. Das wärmt so schön, wenn man kalte Füße hat.

Man sollte sich auch keinen Hund halten, wenn man den strengen Geruch eines solchen »Raubtieres« nicht mag. Den Hund deswegen zu parfümieren, halte ich für kriminell: Ein Hund ist ein »Nasentier«, sein Riechorgan ist außerordentlich empfindlich – mit der Parfümwolke zu leben, ist für ihn dasselbe, wie wenn man einem Menschen die Augen zukleben würde.

In Fachgeschäften werden für unsere Heimtiere viele nützliche Dinge, aber auch sehr viel überflüssiges Zeug angeboten. Manche Menschen treffen nur zu gern die falsche Wahl, weil sie denken, alles, was teuer sei, müsse auch gut sein. Und sie kaufen dann brilliantenbesetzte Halsbänder, aber kein Vitaminpräparat. Ein schickes Mäntelchen soll die notwendige Abhärtung ersetzen,

Stromstöße über Funk müssen herhalten, um das Tier zum willenlosen Sklaven herabzuwürdigen.

Freilich ist es einem Hund völlig gleich, ob sein Halsband aus Leder oder Gold ist. Wer das Bedürfnis hat, seinen Hund oder seine Katze auf diese Weise zu schmücken, mag es tun. Es gibt auch Hunde, »Produkte« einer gedankenlosen Umzüchtung, die infolge mangelnder Fellbildung wirklich kälteempfindlich geworden sind; für sie ist dann bei sehr schlechter Witterung so ein Mäntelchen durchaus anzuraten. Auch Hundeschuhe kann man empfehlen, wenn der Vierbeiner im Winter auf salzbestreuten Wegen laufen muß. Und zum Tierarzt soll man den Hund oder die Katze ab und zu schon bringen, um sich Ratschläge für die Gesunderhaltung zu holen. Nur soll man ihn nicht zur Verzweiflung bringen, indem man ihm einzureden versucht, der kleine Liebling müsse unbedingt krank sein. Ein Tierarzt, der das Gegenteil behauptet, ist kein Ignorant, sondern ehrlich.

Was man sich aber überlegen sollte ist, ob es für den Hund wirklich besonders gut ist, wenn er zum Haarfärben muß oder täglich gebadet wird. Man kann einen Hund baden, wenn er sich im Dreck gewälzt hat. Aber sonst ist das Hundebad besser durch kräftiges Bürsten zu ersetzen. Auch sollte man daran denken, daß ein Hund an einem Stück Fleisch, möglichst mit weichen Knochen und schönen Knorpeln, viel mehr Freude hat als an Backwerk und Küchenabfällen, für die seine Verdauungsorgane nicht geschaffen sind.

Mit Ausnahme jener Wildtiere, die sich für den

Winterschlaf und für Notzeiten im Herbst eine dikke Speckschwarte anfressen, sind alle Tiere, vor allem unsere Heimtiere, gegen zuviel Fettansatz sehr empfindlich. Wer sein Tier langsam aber sicher umbringen will, braucht es nur in der Jugend an große Futtermengen zu gewöhnen. Der Magen weitet sich dann entsprechend, und es wird dem Hausgenossen zur lieben Gewohnheit, alles reinzuschlingen, was er bekommen kann. Manche Leute sind sogar stolz darauf, daß ihr Liebling mit einem Fettwanst umherläuft – wenn er überhaupt noch unter der Last seiner Überernährung richtig laufen kann – und ahnen gar nicht, daß sie erbarmungslose Mörder sind. Nicht nur Hunde – auch Katzen, Goldhamster, Meerschweinchen und Kanarienvögel (gerade die!) kann man sehr leicht überfüttern, und so ein Fettherz schlägt zwar mühsam, aber sicher dem baldigen Tod entgegen. »Liebe geht durch den Magen« hat schon was für sich, aber man sollte es nicht übertreiben.

Unter Tierpflege verstehen die meisten Menschen gute Unterbringung und gutes Futter. Die wenigsten denken daran, daß dem Tier Ansprache und Beschäftigung viel wichtiger sind. Beim Hund ist das, hoffe ich, ohnehin klar; denn er ist ein Familientier und fordert den Menschen zu Spiel und Gemeinsamkeit auf.

Auch eine Katze weiß sich zu helfen und zeigt uns klipp und klar, wann sie spielen möchte und wann sie ihre Ruhe haben will. Aber wer denkt schon daran, daß ein Meerschweinchen ein ungemein geselliges Tier ist, das sehr gern in Gruppen lebt? Wenn es bewegungslos auf dem Arm sitzt und sich streicheln läßt, dann deswegen, weil es nicht weiß, was es dagegen unternehmen soll. Es ist sehr vergnügt, wenn es sich mit seinesgleichen ein wenig jagen kann, und fühlt sich so richtig behaglich, wenn es einen artgemäßen Schlafpartner hat.

Umgekehrt legt ein Goldhamster wieder weniger Wert auf Gesellschaft, hat aber ein großes Grabe- und Kletterbedürfnis. Außerdem nagt er so gern. Diese Eigenschaften werden für den Goldhamster- pfleger natürlich dann unangenehm, wenn es um Teppiche, Blumentöpfe und vom Regal geworfene Vasen geht. Was aber so in den Zoohandlungen an Goldhamsterbehausungen angeboten wird, verdient das Prädikat »tierschinderisch wertvoll«. Laufräder sind zwar für den Bewegungsausgleich geeignet, wenn es aber sonst nichts anderes gibt, treibt man seinen Hamster in den Stumpfsinn. Will man wis- sen, was in einem solchen Kerlchen steckt, dann ge- be man ihm ein mindestens zwei Quadratmeter großes Territorium mit gestampftem Lehm, einigen Steinen, dicken Naturästen – man wird staunen, welche Aktivität er entwickelt! Jeder Akkordarbei- ter würde erblassen . . .

Nagen – das ist auch so recht nach dem Herzen eines Wellensittichs oder Papageis. Für sie ist ein im Frühjahr oder Herbst geschnittener Obstbaumzweig dasselbe, was für Kinder der Weihnachtsbaum ist. Und viel wichtiger als »Jodperlen« oder »Sprechfut- ter« – beides schadet zwar nicht – sind für sie ge- eignete Klettermöglichkeiten.

Erzählen Sie ihrem Kanarienvogel ruhig, daß ein

bestimmtes Futter seine Sangeskunst fördert – er glaubt es Ihnen aufs Wort, wenn sie ihm ein Weibchen geben, das er ansingen und mit dem er täglich einige Zeit im Zimmer umherfliegen kann.

Zebrafinken bekommen, weil sie ja nur sehr klein sind, meist auch nur einen kleinen Käfig, wo sie dann stumpfsinnig von der linken zur rechten Stange hüpfen und ihr monotones »Pip-pip-pip« ausstoßen. Ein großer Käfig und wenigstens drei dieser so geselligen Vögel – dann kommt Leben ins Haus!

Ganz besonders ausgeprägt ist der Hang zur Geselligkeit bei den Krummschnäbeln, ob Wellensittich oder Papagei. Doch davon habe ich schon in den entsprechenden Kapiteln (S. 23 u. 61) erzählt.

Das Grundrezept für eine ideale Wohngemeinschaft mit Tieren ist eigentlich ganz einfach:

Erstens: ein Tier niemals aus Egoismus halten. Es nur dann halten, wenn man selber willens und konsequent genug ist, den Punkt zwei zu erfüllen: sich gründlich darüber informieren, wie die natürliche Lebensweise des betreffenden Tieres ist und was man tun kann, um ihr einigermaßen gerecht zu werden.

Das ist entscheidend, um ein Tier im weitesten Sinne *gesund* zu erhalten. Schutzimpfungen, artgerechte Ernährung und Unterbringung sind nur eine Seite – die eigentliche Gesundheit des Tieres beginnt da, wo es artgerecht leben darf. Darüber müßte man viel mehr nachdenken, als man glaubt, wenn man eingeredet bekommt, daß das Glück eines Tieres vom Qualitätsfutter abhängt ...

Gute Ehe bei Kanarienvögeln

Wohl jeder weiß, daß ein Kanarienvogel gelb gefärbt ist. Daher mußte ich einmal in einer Tierhandlung eine ganze Weile nachdenken, ehe es mir klarwurde, daß es sich bei dem schönen, in verschiedenen Grautönen schattierten Vogel tatsächlich um einen solchen handelt. Selbst der Tierhändler war da nicht so ganz sicher, da er einen grauen Kanarienvogel auch noch nie gesehen hatte. Mir gefiel aber das Tierchen so gut, daß ich es kaufte. Drei Tage später, gut eingewöhnt, begann er ganz hervorragend zu singen – so, wie das ein richtiger Kanarienhahn tun soll. Ich besorgte ihm noch ein zuchterprobtes Weibchen, und sehr bald machte er ihm den Hof. Er richtete sich zu voller Größe auf, sträubte sein Kehlgefieder und ließ seinen schönsten Gesang los. Dem Weibchen gefiel das, es benahm sich sehr freundlich, und stolz flog der Hahn in einem kleinen Bogen über das Weibchen hinweg. Die Vereinigung erfolgte: der Nestbau konnte beginnen. Erfahrene Kanarienzüchter lassen gewöhnlich den Hahn ab da nicht mehr beim Weibchen – angeblich, weil er es beim Brüten stört oder weil das Weibchen auf ihn losgeht. Ich hatte einen Käfig und ließ es darauf ankommen.

Das Weibchen baute also eifrig sein Nest und ließ sich noch mehrfach vom Hahn »befliegen«. Der begnügte sich zunächst damit, dem Weibchen bei der Arbeit etwas vorzusingen; mit dem Nestbau hatte er es nicht so besonders. Aber er inspizierte es, um sich vom Fortschritt der Arbeit zu überzeugen.

Kaum war das Nest fertig, lag auch schon das erste Ei darin, blaß blaugrün gefärbt mit einer braunen Sprenkelung. Am nächsten Tag wurde wieder ein Ei gelegt, nach weiteren zwei Tagen waren es vier Eier. Da der Mensch die Natur immer übertreffen will, pflegt der zuchterfahrene Fachmann die zuerst gelegten Eier aus dem Nest zu nehmen oder durch ein Kunstei zu ersetzen und kühl zu lagern, in der Meinung, es sei besser, wenn das Weibchen auf allen vier Eiern gleichzeitig zu brüten beginne. Dadurch besteht keine Gefahr, daß das zuerst geschlüpfte Jungtier stärker wird als das zuletzt angekommene und diesem das Futter wegschnappt. Das kann durchaus geschehen, wenn man dem Weibchen die Aufzucht der Kinder allein überläßt.

Mein grauer Hahn aber durfte beim Weibchen bleiben, das nun mit unermüdlicher Ausdauer auf dem Nest saß und brütete. Und der Vater in spe wurde ungeheuer aktiv: Nicht nur, daß er dem Nest gegenüber auf einer Stange saß und dem Weibchen mit großer Ausdauer vorsang; er füllte auch seinen Kropf mit Futter oder Wasser, flog zum Weibchen und setzte sich an den Nestrand. Das Weibchen benahm sich dann wie ein Jungvogel: es sperrte den Schnabel auf und flatterte lebhaft mit den Flügeln. Daraufhin wurde es vom Hahn gefüttert oder mit Wasser versorgt. So brauchte es das Nest nur ganz selten zu verlassen, und bereits nach siebzehn Tagen war der erste Jungvogel geschlüpft. Die anderen drei folgten in einem Abstand von jeweils einem Tag.

Abermals zeigte der Hahn, was ein richtiger Kanarienmann alles kann: Er wetteiferte mit seiner Frau beim Füttern der Jungvögel und erwies sich so als vorbildlicher Vater. Alle vier Jungvögel wuchsen kräftig und gesund heran, keiner war zurückgeblieben. Die vier Kinder blieben fast ein Jahr lang bei ihren Eltern. Sie nützten das weidlich aus und ließen sich auch noch zu einem Zeitpunkt füttern, zu dem ein Jungvogel schon in der Lage ist, sich sein Futter selber zu holen.

Übrigens waren diese Jungvögel eine bunte Gesellschaft: einer, mit einer braunen Kappe, sah fast so aus wie ein weiblicher Sperling, der andere war ganz weiß, der dritte blaßgrau, fast ohne jede Schattierung, und der vierte war grau-gelb-grün gezeichnet, fast so wie die Wildahnen der Kanarien.

Als ich endlich die Jungvögel zusammen in einen eigenen großen Flugkäfig brachte, stellte sich heraus, daß drei von ihnen genausoschön singen konnten wie ihr Vater; drei Männchen also, und nur der »Spatz« war ein Weibchen. Neugierig wie ich bin, ließ ich die Gruppe beisammen. Würden die Männchen um das Weibchen raufen, und würde die Geschwisterverpaarung Erfolg haben? Tatsächlich »raufte« das Herrenteam, aber mehr symbolisch – man tat sich nichts Ernstliches. Der Wildfarbene war bald uneingeschränkter Chef, der rangniederste war der Weiße. Schließlich baute das Weibchen sein Nest, wurde vom Chef »beflogen«, legte Eier und brütete. »Der Chef« erwies sich wieder als echter Sohn seines Vaters. Auch er fütterte seine geschwisterliche Frau mit Hingabe, und als der Weiße das merkte, besann er sich auf seine Rolle als Benjamin, setzte sich neben das Nest und sperrte seinen Schnabel auf. Der »große Bruder« war sehr nett: er fütterte nun abwechselnd seine Frau und seinen listigen Bruder.

Dann schlüpften die Kleinen, und ich sah zu meiner eigenen Überraschung, daß der hellgraue Bruder sogar mithalf, die Jungen zu füttern, wenn auch nicht mit dem Eifer, den die Eltern an den Tag legten.

Ich glaube, man sollte Kanarienvögel nicht einzeln in kleinen Käfigen halten – man beraubt nicht nur sich selber um viele Erlebnisse, sondern auch die kleinen Sänger um ihre Lebensentfaltung.

Tiere zum Davonlaufen

Wenn ich so zurückdenke, was ich alles mit Tieren erlebt habe, komme ich zu dem Ergebnis, daß mir schon mehr Tiere davongelaufen sind als dageblieben waren. Vielleicht rührt das aber auch daher, daß solche Erlebnisse eine gewisse Schockwirkung haben, die besser im Gedächtnis haften bleibt. Wie dem auch sei – eines ist ganz sicher: man kann nicht genug aufpassen und darf die Kunst der Tiere, Auswege zu finden, niemals unterschätzen. Hierzu einige Beispiele, stellvertretend für viele andere.

Die Raupen des Eichenprozessionsspinners, eines unscheinbaren Nachtfalters, haben die Gewohnheit, am Abend in geschlossener Formation, eine hinter

der andern, den Eichenstamm herabzuwandern,
Schlafnester zu spinnen und am Morgen wieder in
die Baumkronen zu steigen. So habe ich es zumindest einmal gelesen. Als ich dann ein solches Schlaf-
lager nahe bei Wien fand, hatte ich die Idee, die
Raupen mit nach Hause zu nehmen. Ich baute ihnen im Zimmer eine junge Eiche auf und ging in
dem frohen Bewußtsein zu Bett, die Raupen würden am Morgen an den Blättern der Eiche knab-
bern.

Diese Raupen wußten aber offenbar nicht so
recht, was sich gehört. Sie wanderten ab, keineswegs in geschlossener Formation, sondern nach
allen Himmelsrichtungen, und das nicht nur in meinem Zimmer – nein, sie marschierten in der ganzen Wohnung umher. Einige fand ich wieder; aber
die meisten blieben verschollen, wohl weil sie sich
irgendwo verkrochen haben und dort eingegangen
sind.

Das alles wäre nicht so schlimm, wenn sie nicht
Haare hätten, die unglaublich heftigen Juckreiz
auslösten, wenn sie mit der menschlichen Haut in
Berührung kommen. Das bringt dann noch mit sich,
daß die Haut, je nach Empfindlichkeit, flächige rote Stellen bekommen und sogar anschwellen kann.
Bringt man die Härchen in die Augen, entzünden
sie sich mehr oder weniger.

Meine Eltern hatten immer viel Verständnis für
meine Tierhaltungen gezeigt, aber diesmal hatte
sie der Humor ganz verlassen. Es wurden im Fami-
lienrat ernsthafte Überlegungen angestellt, ob der
Aufenthalt in einer psychiatrischen Klinik für mich

nicht doch besser wäre als das Studium der Zoologie. Und ein andermal begab sich folgendes:

Wir hatten schöne alte Eichenmöbel mit mäanderartigen Verzierungen. Eines Tages wollte meine Großmutter eine solche Verzierung, die offensichtlich abgegangen war, begutachten. Ihre Brille fand sie nicht, da sie diese wie stets auf die Stirn geschoben hatte. So bückte sie sich und wollte das Ding aufheben. Es gelang ihr nicht: die »Verzierung« lief davon. Es war eine Blindschleiche. Auf einem Teppich können diese fußlosen, gleich altem braunen Eichenholz gefärbten, glatten Eidechsen ganz schnell vorwärtskommen, und als der Schreckensschrei der alten Dame durchs Haus gellte – er kam mit einiger Verzögerung, da ihr zuerst die Luft weggeblieben war –, war das Reptil schon unter besagtem Schrank verschwunden. Ich hockte den ganzen Nachmittag davor, um den Ausreißer wieder einzufangen, der sich hinter den gedrechselten Füßen verborgen hielt – für mich kaum erreichbar. So kam ich dann am nächsten Tag ohne Hausaufgabe zur Schule, was sehr peinlich war.

Eidechsen, noch mehr aber Schlangen, sind wahre Meister im Entkommen. Ich glaube, es gibt keine Schlangenart, die mir noch nicht davongelaufen ist. Viele von ihnen sah ich nie mehr wieder. Manchmal hatte ich Gelegenheit, sie beim Flüchten zu beobachten. Es ist kaum zu fassen, wie flach sie sich machen können, um sich gleich einem Blutegel durch die engste Ritze unter dem Deckel des Terrariums hindurchzuzwängen. Da auch Kreuzottern dazu in der Lage sind, sah das immer urko-

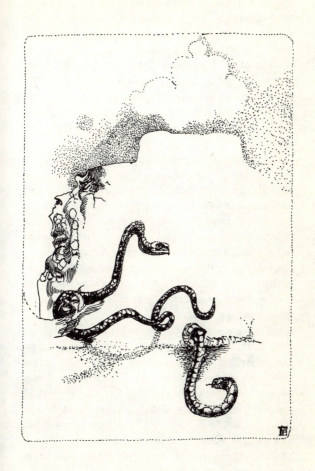

misch aus, wenn meine überängstlichen Leute in Gummistiefeln die Wohnung betraten. Dabei hätte das Tierchen genauso gut unter einem Sofakissen oder im Bett liegen können!

Kreuzottern lassen sich übrigens leicht wieder einfangen, da sie ziemlich träge sind und keine weiten Wanderungen machen. Sie sind sehr standorttreu; nur die Männchen unternehmen im Mai größere Ausflüge auf der Suche nach Weibchen. Hierzu ein Beispiel:

Ein Tierfang-Experte schüttete eines Tages den Inhalt einer Dose auf den Tisch, an dem gerade eine Besprechung der Mitarbeiter vom Wilhelminenberg stattfand. Es waren zwei Kreuzottern, die er in der Gegend des Semmerings am Ausläufer der Ostalpen gefangen hatte. Wir schauten mit gemischten Gefühlen auf die vor unseren Augen sich windenden Giftreptile, und Otto Koenig erklärte kategorisch, daß eine Giftschlangenhaltung bei uns wegen des benachbarten Kinderheimes überhaupt nicht in Frage käme.

»Auch gut«, sagte der freundliche Mensch gelassen, »dann lass' ich sie halt wieder laufen.« Er schob die Schlangen mit der nackten Hand wieder in die Dose, so wie man Bröseln vom Tisch wischt. – Neun oder zehn Monate später ging ich am Waldrand dicht an der Station entlang und fand eine Kreuzotter, die sich in der warmen Maisonne wärmte. Ich fing sie und zeigte sie Otto Koenig. Unseres Wissens gab es in diesen Bereichen mit Sicherheit keine Kreuzottern. Plötzlich griff Koenig nach dem Telefon und erkundigte sich bei jenem Herrn vom Vorjahr, wo er denn eigentlich jene Kreuzottern ausgelassen habe. »Naja – ich wollte sie nicht mit nach Hause nehmen, da ließ ich sie gleich bei euch vorn am Waldrand aus.« Ein wahrer Gemütsmensch. Aber man sieht auch, daß Kreuzottern standorttreu sind. Wenn man sich wünscht, daß Tiere davonlaufen, tun sie es offenbar nicht . . .

Wie ich in einer anderen Erzählung schildere, gehören auch die vermeintlich so langsamen Schildkröten zu gewiegten Ausreißern. Zwar ist ihre Schnelligkeit im allgemeinen nicht übermäßig groß, aber sie sind Meister im Verbergen. Da merkt man erst, welch gute Tarnkappe die schwarzgelbe Panzerfärbung darstellt. Fast alle Schildkröten, die im Sommer im Garten laufen dürfen oder in den Urlaub mitgenommen werden, entkommen in einem unbewachten Augenblick. Manche von ihnen haben das Glück und finden einen Komposthaufen oder ähnliche Verstecke, in denen sie sogar einen mitteleuropäischen Winter überstehen können. Die meisten haben dieses Glück jedoch nicht. Sie graben sich, instinktmäßig auf die milden mediterranen Winter ausgerüstet, zu wenig tief ein und erfrieren dann. Wenn man all die zu Tode gepflegten Schildkröten dazuzählt, die von Kinderhand im Garten feierlich begraben werden, so kann man annehmen, daß die oberen Bodenschichten Deutschlands hauptsächlich aus den Verwesungsrückständen griechischer und maurischer Landschildkröten bestehen, untermengt mit nordamerikanischen Wasserschildkröten und westmediterranen Sumpfschildkröten.

Eines Tages fragte mich ein Bekannter, was das

sei: »Es sitzt auf einem Apfelbaum bei Murnau in Oberbayern, ist grün und hat einen langen Schwanz.« Ich rate: »Ein Grünspecht?« Falsch. Kein Vogel, sondern ein Reptil. »Eine Smaragdeidechse?« Diese großen, schönen Eidechsen klettern ganz gern auf tiefer herabreichende Baumkronen, aber sie lieben warme Gebiete, vor allem Weinbaugegenden, da der Süden ihre eigentliche Heimat ist. Kommt also auch kaum in Frage. Als er mir das Tier dann zeigt, bin ich sprachlos. Es ist ein Chamäleon, ein Tier, das man am allerwenigsten auf Murnauer Apfelbäumen erwartet – eine in den Mittelmeerländern vorkommende Art, wahrscheinlich vom Urlaub mitgebracht.

Man liest ja oft, daß die Feuerwehr ausrückt, um irgendein größeres Tier wieder einzufangen, das entlaufen ist. Es hat schon was an sich, wenn das »Halten wilder, gefährlicher Tiere« einer behördlichen Aufsichtspflicht unterliegt, auch wenn die vom Gesetzgeber gebrauchte Formulierung nicht ganz richtig ist. Man sollte lieber von Tieren sprechen, die Schaden an Mensch und Gut anrichten können. Dann würde man den leichtsinnigen Hundehalter, der einen gemeingefährlichen »Beißer« frei laufen läßt, ebenso erfassen wie etwa einen Züchter ausländischer Insekten. Diese Insekten können nämlich einen recht großen Schaden anrichten, weil sie bei uns keine natürlichen Feinde haben. Man denke an den Kiefernspinner, der von einem Entomologen von Europa nach Nordamerika gebracht wurde. Die Falter sind entwichen und haben in der Folgezeit ganze Wälder vernichtet.

Kein Mensch hat jemals daran gedacht, Wildkaninchen als »wilde, gefährliche Tiere« zu bezeichnen – tatsächlich haben die in Australien ausgesetzten Kaninchen Milliardenschäden angerichtet – wieder mangels natürlicher Feinde.

Wenn Tiere entlaufen, kann das also auch allerlei unangenehme Folgen haben. In der Regel freilich für die entlaufenen Tiere selber, zumal, wenn es sich um Arten handelt, die mit unserem Klima nicht fertig werden. Sie sind auch ohne Einwirkung des Menschen zum Sterben verurteilt, so wie es jenes Krokodil gewesen wäre, das man eines Tages in einem Baggersee entdeckt hatte.

Schlimm wird die Geschichte, wenn es sich um Tiere handelt, die für gefährlicher gehalten werden, als sie wirklich sind. Da hatte mir einmal ein Mitmensch – nach Einbruch der Dunkelheit – die Tür eines Geheges aufgebrochen, in dem sich zwölf Hunde befanden. Wir entdeckten das ganz zufällig, als ein Wagen in den Hof einfuhr und wir im Scheinwerferlicht die Hunde laufen sahen.

Einer wurde offenbar versprengt und am nächsten Morgen in einer Nachbarortschaft entdeckt. Die anderen Hunde waren dageblieben, gingen aber mit Ausnahme der beiden Althunde nicht mehr in den Zwinger. Es waren »ungeprägte« Hunde, die sich von keinem Menschen anfassen ließen und scheu davonliefen. Ihre Ahnen waren norwegische Elchhunde und australische Dingos.

Ich holte also zunächst jenen Hund, der mir gemeldet worden war – man hatte ihn auf einem Hof durch eine List einfangen können. Und dann ging auch schon der große Zirkus los. Man hatte die gesamte umliegende Jägerschaft und Polizei verständigt. Es hieß: »Die Wildhunde sind los!« Der Bürgermeister lief sofort in die Dorfschule und warnte die Kinder vor den wilden Bestien; sie sollten sich am Nachhauseweg vorsehen.

Auto um Auto kam zur Grubmühle – Jäger und Polizisten –, und kein Mensch getraute sich, seinen Wagen zu verlassen. Es war zu komisch, welch große Angst diese ohnehin allesamt bewaffneten Menschen vor meinen sechsmonatigen Hündchen hatten! Trotzdem war ich wütend, denn genau das war es, was das Wiedereinfangen der Hunde unmöglich machte. Wären wir mit ihnen allein geblieben, hätten wir sie zurück zu ihren Eltern locken können. Es ist stets so, daß besonders scheue Hunde zwar ganz gern einige Zeit die Freiheit genießen, dann aber doch lieber wieder nach Hause kommen. Wären sie weiter weggelaufen, wäre das auch zu erwarten gewesen. Aber so erlebten sie diesen großen Aufmarsch, und das brachte sie ziemlich aus dem Konzept. Sie verkrümelten sich in die Büsche und kamen nur am Abend heraus. Manche hielten sich weiterhin direkt in Hausnähe auf, andere versteckten sich tagsüber. Am frühen Morgen aber liefen sie hinaus auf die Wiesen, weil das Graben nach Mäusen der größte Spaß für sie war. Und da fielen auch die ersten Schüsse. Einige kamen blutüberströmt zurück, die anderen blieben auf der Strecke. Die Hunde in den Zwingern drehten vor Aufregung durch. Der Blutgeruch ihrer freigekommenen Gefährten wurde von ihnen sehr klar mit den

Schüssen assoziiert. Ein auswärtiger Jagdscheinin-
haber knallte sogar vom Hang her in Richtung
Grubmühle. Er stieg rasch in seinen Wagen, als er
all die unanständigen Worte hörte, die ich ihm zu-
brüllte.

Natürlich kam das Ganze in die Zeitung. »Es soll
sich dabei um Australische Wildhunde handeln...«,
so wollte es der artikelschreibende Polizist, obgleich ich ihn über die Natur dieser harmlosen
Hündchen aufgeklärt hatte. Er brachte es sogar fertig, die Bevölkerung zu warnen und in Angst und
Schrecken zu versetzen. So mußte ich sofort eine
Richtigstellung in die Zeitung setzen lassen – aber
glaubt man einem Polizisten nicht mehr als dem
Eigentümer?

Besonders interessant und für die Einbildungs-
kraft des Menschen aufschlußreich ist, daß meine
»Wildhunde« nun im Umkreis von rund hundert
Kilometer gesichtet wurden. Obgleich sie meines
Wissens nach alle – mit Ausnahme der erschosse-
nen – noch da waren. Auf dringenden Wunsch der
Polizei ging ich einer solchen Meldung nach. Ich
fuhr über fünfzig Kilometer weit ins Land, fragte
mich bei vielen Leuten durch. Alle schilderten mir
das Untier genauso wie es im Zeitungsbericht be-
schrieben worden war. Ich kam selber in Zweifel.
Hatte ich mich verzählt? Schließlich hieß es, der
Hund sei jetzt in der und der Stadt, bei einem
Metzger, dessen Junge den Hund gern behalten
hätte. Als ich dort nachfragte, brach der Bub in
Tränen aus und wollte »seinen« Hund verstecken.
Ich konnte ihn schnell beruhigen: es war ein etwa

zehn bis elf Wochen alter Bastard, pinscherartig, der nicht die leiseste Ähnlichkeit mit einem meiner Hunde hatte ...

Allmählich wurde Hund für Hund abgeschossen, sobald sie sich nur weiter als hundert Meter vom Grundstück entfernten. Es gab da noch manches, das nicht besonders schön war – aber lassen wir das.

Die Tiere setzen leider zuviel Vertrauen in den Menschen, wenn sie einmal auf eigene Faust durch die Gegend streifen – sie ahnen nicht, wie lebensgefährlich dieses Vertrauen ist, und wissen nicht, wie sehr sie durch die nur notdürftig bemäntelte Brutalität einiger Mitmenschen bedroht sind.

Es ist wahrhaft zum Davonlaufen!

Klein - aber oho!

Es gibt »Heimtiere«, die so klein sind, daß man sie nur mit Hilfe eines Mikroskops genauer betrachten kann. Die wenigsten Menschen ahnen, daß sie oftmals mehrere Millionen von ihnen zu Hause haben. Sie sind angenehm zu halten, denn sie machen keinen Lärm, sie haaren nicht, sie verstreuen das Futter nicht auf dem Teppich, sind »stubenrein« und riechen nicht mehr als das Blumenwasser in der Vase, das längere Zeit nicht gewechselt worden ist. Außerdem kann auch die strengste Hausordnung das Halten von Einzellern nicht verbieten.

In besagter Vase führen sie ein flottes Leben, und wer seine Schnittblumen täglich mit frischem Wasser versorgt, kann sich damit trösten, daß die kleinen Gäste auch in der Erde der Blumentöpfe leben, im Aquarium, aber auch im Staub vorhanden sind (hinter dem großen Wandbild oder Schrank lassen sich ganz bestimmt welche finden!). Allerdings – wenn sie im Trockenen leben, schlafen sie. Gut eingemummt in eine feste Hülle und noch kleiner, als sie sonst sind.

Zum aktiven Leben brauchen sie ziemlich viel Feuchtigkeit, die meisten richtiges Wasser. Aber das ist eben ihr »Trick 17«: Wenn das Wasser aus irgendwelchen Gründen fehlt, schwitzen sie eine feste Hülle aus und warten geduldig, bis sie der nächste Zufall wieder ins nasse Element bringt. Dort löst sich die Schale, sie schwimmen wieder munter umher und machen sich insofern nützlich, als sie die im Wasser befindlichen Schmutzteilchen verwerten und Bakterien verschlingen. Die größeren Einzeller wiederum ernähren sich häufig von ihren kleineren Genossen. Überhaupt: Sie haben eine ganz fundamentale Bedeutung für das gesamte Leben unserer Erde. Mit Sicherheit waren sie die allerersten echten Tiere, die unsere Erde bevölkerten, wobei die Gelehrten errechnet haben, daß sie schon vor rund drei Milliarden Jahren dagewesen sein müssen.

Bei manchen von ihnen haben sich – unvorstellbar konservativ – sogar jene Entwicklungsstadien erhalten, von denen man nicht eindeutig sagen kann, es handle sich um Pflanzen oder um Tiere: Diese Lebewesen schwimmen nämlich einerseits sehr aktiv im Wasser umher, enthalten aber andererseits noch jenen Grünkörper, mit dem unsere

Pflanzenwelt – mit Hilfe des Sonnenlichts – Sauerstoff und andere nützliche Dinge wie Kartoffeln, Bananen oder Weizen erzeugt. Wenn man diese Tierpflanzenzwerge aber im Dunkeln hält, lösen sie ihr Chlorophyll auf und fressen Bakterien und andere organische Substanzen, wie es für Tiere kennzeichnend ist. So kommt es, daß diese Lebensformen sowohl in den Botanikbüchern als auch in den Zoologiebüchern beschrieben werden. Beide Fachrichtungen legen Wert darauf, in ihnen die Ahnen ihrer biologischen Reiche zu sehen.

Der Name Einzeller soll besagen, daß jedes Individuum aus einer einzigen Zelle besteht. So klar das auf den ersten Blick erscheint, so schwierig wird eine solche Vorstellung, wenn man Einzeller genauer betrachtet, und unter anderem auch einen Überblick über die Vielfältigkeit nicht nur der einzelnen Formen, sondern auch von deren Fortpflanzungsmethoden bekommt.

Die Grenzen der Individualität verwischen sich nämlich in ganz ungewohnter Weise. Da schwimmen zum Beispiel zwei solcher Minitierchen zusammen, legen sich aneinander, und ehe man sich versieht, sind sie ein einziges, äußerlich ganz unverändertes Individuum geworden. Einige Zeit später, und das Tierchen schnürt sich quer durch. Aber nicht genug damit: jedes von den Zweien teilt sich wiederum; das geht so lange weiter, bis sie wieder auf den Einfall kommen, aus zwei eins zu machen.

Das ist prinzipiell dem ähnlich, was unsere Keimzellen auch tun. Nur machen die Einzeller nicht den schrecklichen Umweg, sich erst einmal ein weibliches Wesen hier, ein männliches dort heranzuzüchten.

Dabei hatte die Natur damals, vor Milliarden von Jahren, auch ganz andere Vermehrungsmöglichkeiten entwickelt. Diese existieren noch heute im Reich der ganz Kleinen – sind aber nur »lebenden Molekülen« vorbehalten, etwa den nur unter dem Elektronenmikroskop sichtbar werdenden »Bakterienfressern«, die ihrer Beute den Auftrag geben, weitere solcher Kerlchen herzustellen. Was diese dann auch tun muß, bis sie sich verausgabt hat und verendet.

Man stelle sich einmal vor, derartiges gäbe es in unserer »großen Welt« auch. Mit welcher Lust würde ich mich auf diese Weise vermehren lassen! Ich kröche einer mir nicht genehmen Person in den Bauch, und schon müßte sie bis zur Selbstauflösung lauter solche trumler-identischen Kerle erzeugen. Natürlich müßte ich aufpassen. Es könnten ja andere auf den Einfall kommen, das bei mir zu machen. Und wie die Standesämter bei solchen Vervielfältigungsmethoden zurechtkämen, das würde den Gesetzesmachern schon arge Kopfschmerzen bereiten. Aber Spaß beiseite, fragen wir doch besser danach, wie es vor sich geht, wenn sich zwei ganz normale Einzeller darum bemühen, miteinander zu verschmelzen. Was treibt sie dazu? Was sind ihre Beweggründe? Wozu es gut ist, das wissen wir. Es geht – um es so einfach wie möglich auszudrücken – darum, daß durch die Vereinigung und den Austausch von »Erbinformationen« einerseits die Weiterexistenz der Art, andererseits die Möglichkeit der Anpassung an veränderte Umweltbedingungen gewährleistet wird. Aber derartige biologisch-evolutive Vorgänge sollen uns hier nicht weiter beschäftigen. Mir geht es darum, mit der antiquierten Vorstellung aufzuräumen, daß jene aus einer einzigen Zelle bestehenden Tiere lediglich chemo-physikalische Automaten seien, die nur durch Umweltreize zur Aktivität gezwungen werden; daß sie vielmehr Individualitäten sind, die aus innerem Antrieb heraus aktiv werden, sich also durch nichts von jenen Tieren unterscheiden, die aus Millionen von Zellen zusammengesetzt sind.

Ich halte mich dabei an eigene Beobachtungen bei jenen Einzellern, die Wimpertierchen genannt werden, weil aus ihrer Zellhaut bewegungsfähige Fortsätze herausragen, die teilweise tatsächlich wie unsere Wimpern aussehen, mitunter aber auch zu recht stabilen borsten- oder zapfenförmigen Gebilden entwickelt sein können. Die Wimpern schlagen meist so schnell, daß die Tierchen damit recht behende durch das Wasser schießen können; die dikken Auswüchse funktionieren so ähnlich wie Beinchen und befähigen sie zum Laufen. Die Wimpern dienen außerdem zum Herbeistrudeln von Frischwasser und Nahrung.

Alle aber bewegen sich – ähnlich wie die vier Beine eines Tieres oder die vielen Beine eines Tausendfüßlers – nicht unwillkürlich, sondern streng koordiniert, das heißt sie haben einen Rhythmus, der sogar den jeweiligen Umweltbedingungen angepaßt werden kann und durch Reizleitungen hergestellt wird, die unserem Nervensystem nicht unähnlich sind.

Aber diese individuelle Zelle kann noch viel mehr. Sie kann Wahrnehmungen machen, sie kann Genießbares vom Ungenießbaren unterscheiden, sie kann sich in Schreckmomenten zurückziehen, hell und dunkel unterscheiden – kurz, sie kann grundsätzlich alles, was man braucht, um, allein auf sich gestellt, sicher und unbeschadet durch das Leben zu kommen.

Um das alles verstehen zu können, muß man aber auch die Möglichkeit haben, diese winzigen Tierchen ungestört zu beobachten. Dies ist ein Problem, das erst vor etwa dreißig Jahren gelöst worden ist. Zuvor war alles ganz anders.

Damals nahm man einen Objektträger – eine längliche Glasplatte – und brachte mit einer Pipette einen Tropfen aus einer von Einzellern besiedelten Wassermenge darauf. Auf den Objektträger legte man ein Deckglas, bestehend aus einer sehr dünnen kleinen Glasscheibe, so leicht, daß sie von dem sich verteilenden Wassertropfen noch getragen wurde. Es blieb zwischen Objektträger und Deckglas immerhin ein Wasserraum, der es den Einzellern gestattete, munter umherzuschwimmen. Dann blickte man von oben her senkrecht auf ein je nach dem Grad der Vergrößerung kleineres oder größeres Feld dieses zwischen dem Glas eingeklemmten Wassers.

Was sah man? Nichts anderes als einen aufgescheuchten Haufen von Einzellern, der ziellos umherschoß. Und die Fragestellung war immer sehr einfach: Was bewegt diese Geschöpfe, sich dort aufzuhalten, wo es Nahrung gibt? Was sind ihre Antriebsmotivationen? Können sie lernen? Erstaunlicherweise ließ sich letztere Frage sogar unter solch unmöglichen Bedingungen positiv beantworten, was den Leuten ziemlich viele Kopfschmerzen bereitet hat. Haben doch Versuche gezeigt: Wenn die eine Hälfte des Objektträger-Gefängnisses verdunkelt wird, schwimmen sie alle in das Licht und bleiben dort. Also sind sie »positiv heliotaktisch«, was heißen soll, daß sie aufgrund irgendwelcher chemischer Strukturen an Licht gebunden sind. Setzte man an den Rand des gequetschten Wassertropfens irgendeine schädliche Flüssigkeit, wichen ihr die Einzeller aus; also gab es auch eine »Chemo-Taxis« – eine Reaktion auf chemische Stoffe. Und so weiter.

Ich würde liebend gern einen Parallelversuch mit allen jenen Leuten anstellen, die Einzeller dazu mißbraucht haben, um die lebendige Natur dieser Geschöpfe zu mißdeuten, die Leben schlechthin als chemische Reaktion betrachten.

Ich würde sie allesamt auf eine Glasplatte stellen, rundum eine zwei Meter hohe Mauer errichten und darüber wieder eine Glasplatte legen. Dann würde ich sie von oben her betrachten. Ich habe den starken Verdacht, sie würden sich sehr merkwürdig benehmen – besonders, wenn ihnen langsam die Luft ausgeht. Ich bekäme wohl bald den Eindruck, daß es sich nicht um Forscher, sondern um Lebewesen handelt, die sich völlig widersinnig und undurchschaubar verhalten. Wenn ich nun von links durch eine Düse Tränengas einließe, würden sie – entsprechend der Chemo-Taxis – alle nach rechts laufen, und wenn ich daraufhin von rechts Blausäure einströmen ließe, würden sie wieder nach links laufen, weil Tränengas »positiver getönt« ist als Zyankali. Ich könnte auch nachweisen, daß die Leute negativ thermotaktisch sind. Dazu müßte ich nur die eine Hälfte der Glasunterlage so heiß werden lassen, daß sie sich die Füße verbrennen. Wetten, daß sie sich alle auf der anderen Seite aufhalten werden? Ja, ich könnte sie sogar dressieren wie Einzeller: helles Licht auf der einen Seite bedeutet »heiß«. Wenn nun das helle Licht auf der anderen Seite aufscheint, werden sie erneut ausweichen. Alles würde genauso aussehen wie bei den Einzellern, und es bestünde bei solchen Versuchen für mich überhaupt nicht die geringste Notwendigkeit, diesen Geschöpfen mehr zuzusprechen als jene Tropismen und Phobien, denn es läge kein einziger Beweis vor, daß es in ihnen auch innere Antriebskräfte gibt.

Wer in seinem Leben auch nur für ein paar Stunden die Nase in die Grundlagen der Verhaltensforschung gesteckt hat, wird schnell begreifen, daß diese Methode, Einzeller zu beobachten, einfach unmöglich ist und zu Fehlschlüssen führen muß. So dachte ich verschiedentlich über Lösungen nach, wie man diese Tiere in einer einigermaßen natürlichen Umwelt halten könnte, zumindest in einer, in der sie sich nicht sonderlich gestört und in ihrer Entfaltung nicht zu sehr beeinträchtigt fühlen würden.

Ich versuchte folgendes: Ich baute aus den haarfeinen Fäden der grünen Schraubenalge Spirogyra einen der Deckglasgröße entsprechenden Ring, der im scharfen Licht der Mikroskopierlampe Sauerstoff abgeben würde. Rundum das Wasser mit den Einzellern, darauf das Deckglas. Das bewährte sich ganz gut. Die Tiere begannen bald, zielstrebiger umherzuschwimmen, sie beruhigten sich nach dem Übersiedlungsschock und ließen schon viel von ihrem natürlichen Verhalten erkennen. Für eine Stunde war das ganz brauchbar. Ich sah borstenfüßige Muscheltierchen gewandt durch das Algengewirr kriechen, oftmals bestrebt, sich hier oder dort gewaltsam Durchgang zu verschaffen, wobei sie dann fast an Schildkröten erinnerten. Überhaupt war alles, was hier in diesem Kleinstaquarium gefangen war, viel zielstrebiger in seinem Verhalten, viel logischer. Die größte Überraschung aber bot ein Pantoffeltierchen, das gegen einen Algenfaden stieß, der sodann etwas nachgab. Sofort machte es kehrt, um nochmals diese nachgiebige Stelle »anzurempeln«. Dieses Experiment wurde immer wieder mit zäher Beharrlichkeit wiederholt, so daß man den Eindruck bekam, dieses durchsichtige pantoffelförmige Wimpertierchen wisse genau, was es wolle. Der Algenfaden gab immer mehr nach, und schließlich konnte sich das Pantoffeltierchen tatsächlich aus dem Gefängnis des Algengewirrs befreien.

Das hat einen ganz enormen Eindruck auf mich gemacht, und ich träumte davon, Lösungen zu finden, mit deren Hilfe man Verhaltensforschung an Einzellern betreiben könnte. Doch der Wiener Mikrobiologe Ewald Schild hatte bereits eine solche Lösung gefunden, und zwar in Form seiner Küvetten-Mikroskopie.

Er ließ sich, gemäß der Überlegung, daß wir

Menschen die Welt vor uns und nicht unter uns zu sehen gewohnt sind, ein Mikroskop bauen, das waagrecht aufgestellt wurde. Da wir außerdem mit einem Auge nicht räumlich sehen können, war es notwendig, das Mikroskop wie einen Feldstecher zu konstruieren, also mit zwei Objektiven und zwei Okularen. Dann nahm er einfach ein dünnes Gummibändchen, klebte es U-förmig zwischen zwei größerformatige Deckgläser, brachte das Einzellerwasser samt Grünalgen in den U-Raum und bewahrte das ganze Mikroaquarium unter Glasabschluß in einer feuchten Kammer auf, um die Wasserverdunstung hintanzuhalten. So konnte es lange Zeit immer wieder zur Beobachtung herangezogen werden.

Schaute man nun mit dem Küvetten-Mikroskop in diese Unterwasserlandschaft, bekam man einen nachhaltigen Eindruck davon, daß die berühmte »Welt im Wassertropfen« doch ganz anders ist, als man bislang dachte. Vergleichbar jener Welt, wie sie der Taucher im Korallenriff erlebt – nur viel kleiner. Und wer ganz genau hinsah, dem konnte nicht entgehen, daß diese Einzeller Tiere sind wie alle anderen. Besonders gut in Erinnerung sind mir Muscheltierchen, weil sie als »laufende« Einzeller für den menschlichen Beobachter leichter verständlich und durchschaubar sind als jene, die wie Fische schwimmen oder an einem längeren oder kürzeren Stiel irgendwo festgeheftet leben.

Wer schon einmal einen Dachs im Wald beobachten konnte, weiß, wie dieses breite, flache Geschöpf dicht über dem Erdboden dahintrottet, stehen bleibt und schnüffelt, dann über eine Baumwurzel klettert, um etwas aufzunehmen und zu verzehren, die Umgebung der Fundstelle absucht, danach weitertrottet, wieder zurückkehrt und nochmals sucht.

Ich möchte das Muscheltierchen mit dem Dachs vergleichen, weil die Körperproportionen recht ähnlich sind und man die kurzen Pseudobeinchen wie bei diesem nur gelegentlich sieht. Der Vergleich paßt wirklich recht gut, denn das Muscheltierchen sucht ebenfalls nach Nahrung, überwindet Hindernisse, weicht da oder dort aus, schiebt hier etwas, das ihm im Wege steht, zur Seite – kurz, es benimmt sich wie ein Tier, das seine Sinne beisammen hat und sich in seinem Lebensraum befindet.

Das ist ja letztlich mit eine Grundlage zum großen Erfolg aller Verhaltensforschung: Sie hat das Tier aus engen Käfigen befreit, um ihm zumindest seiner normalen Umwelt nachempfundene Gehege zu bieten oder es gleich in seiner natürlichen Umwelt zu beobachten. Das ist etwas anderes als jene dem Tier und seiner Art niemals gerecht werdenden Laboratoriumsversuche, bei denen alle Tiere stumpfsinnig und mechanisch reagieren.

Ich bedaure es noch heute, nach bald dreißig Jahren, daß ich damals nicht mehr die Möglichkeit hatte, die von Ewald Schild entwickelte Methode aufzugreifen und planmäßige Verhaltensstudien an Einzellern zu betreiben. Heute, fern von all diesen Studien, weiß ich nicht, was bislang auf diesem Gebiet geschehen ist. Diese Forschungen müßten, meiner Meinung nach, dazu angetan sein, die altüberkommenen Vorstellungen vom Leben der Einzeller zu revidieren und ihren Tiercharakter voll herauszustellen.

Ein Vorstoß in dieser Richtung ist mir noch in Erinnerung. Er wurde von Otto Koenig und einigen seiner damaligen Mitarbeiter unternommen. Dabei zeigte es sich unter anderem, daß die bis heute noch in den Lehrbüchern nachgedruckte spiralförmige Schwimmweise des Pantoffeltierchens nur da auftritt, wo sich diese durch den Deckglaszwang irritiert fühlen und im wahrsten Sinn des Wortes durchdrehen. Sie schwimmen in Wahrheit nicht so zwanghaft wie Automaten, sie können viel mehr: angepaßt dem jeweiligen Lebenseinfluß und nicht blind von Außenreizen getrieben, vielmehr dem allen Lebendigen innewohnenden Antrieb zum Agieren folgend. Leben ist zwar eine beständige und unaufhörliche Auseinandersetzung mit der Umwelt, aber der Anreiz hierzu kommt nicht von außen, sondern von innen. Und in dieser Richtung sind die kleinen Einzeller lebensoffene Tiere, die die Auseinandersetzung mit der Umwelt aktiv suchen, weil es ihnen im Dienste der Arterhaltung eben angeboren ist, dies zu tun. Wie andere Tiere haben sie die hierfür je nach ihrer Art notwendige körperliche Ausrüstung, die sie ebenso lebenstüchtig macht. Genau genommen, gehören sie sogar zu den evolutiven Erfolgstypen ersten Ranges, denn so etliche Milliarden von Jahren zu überleben – das macht ihnen nicht so bald einer nach! Schade, daß diese hurtigen Gesellen nicht wenigstens so groß wie Goldfische sind! Ich wette: Sie würden es sogar lernen, aus der Hand zu fressen . . .

Die Lebensgemeinschaft der Mäuse

Eines Tages hatte ich eine Idee: Ich stellte mitten im Zimmer eine Säule auf, montierte auf ihr ein großes Brett in Brusthöhe, darüber ein zweites Brett, in Augenhöhe schließlich ein drittes. Diese drei Plattformen verband ich mit kleinen Leitern, wie sie die Tierhandlungen für Laubfrösche anbieten, und ganz oben stellte ich einen umgekehrten Blumentopf auf, in den ich eine runde Öffnung über dem verdickten Rand ausgebrochen hatte. Ein Futterschälchen mit Körnern, ein Wasserschälchen, eine gelbe Rübe und zum Nestbau weiches Toilettenpapier – fertig war mein »Mäuseturm«. Weiße Mäuse sind nämlich – im Gegensatz zu ihren wilden Verwandten, den grauen Hausmäusen – sehr vorsichtige Tiere, die keine »großen Sprünge« machen, sondern stets behutsam abschätzen, wenn es irgendwelche Abgründe gibt. Sie springen selbst von einem Meter Höhe nicht herab.

Dafür klettern sie leidenschaftlich gern, weswegen sie mit meinem durch Leitern verbundenen Plattformsystem ihre wahre Freude hatten. Sie hatten es sehr eilig, die Anlage auszuprobieren und hätten es wahrscheinlich gern gesehen, wenn es noch mehr solcher Plattformen gegeben hätte. Was mich aber besonders freute: Ich konnte auf diese Weise nicht nur ihr Zusammenleben sehr schön beobachten, sondern auch erreichen, daß die Mäuse innerhalb weniger Tage mit mir einen sehr freundlichen Kontakt aufnahmen. Bald streckten sie sich geradezu waghalsig weit vor, wenn ich in die Nähe

kam, um mich zu beschnuppern oder auf meine hingehaltene Hand hinaufzulaufen und über meinen Arm einen Ausflug auf meine Schulter zu machen.

Kontaktfreudigkeit und Neugierde sind zwei hervorstechende Eigenschaften bei Mäusen. Dazu kommt ein Familiensinn, dem man so einem kleinen, »verrufenen« Geschöpf gar nicht zutrauen würde. Schon beim Kinderkriegen sitzen der stolze Vater und auch die übrigen Gruppenmitglieder dicht dabei. – Wenn die Mutter nicht da ist, legen sich der Vater oder irgendein anderes Familienmitglied wärmespendend auf die Kleinen. Und wenn ein zweites Weibchen zur selben Zeit oder auch viel später Junge bekommt, werden sie in das vorhandene Nest zu den andern gesetzt. Manchmal liegen dann in einem Nest noch unbehaarte, rosafarbene Junge neben solchen, deren weißes Fell voll entwickelt ist. Gesäugt werden sie dann in der Regel abwechselnd. So ist so ein Nest unter bestimmten Umständen oft einen großen Teil des Jahres stets mit ein bis drei Würfen belegt. Die heranwachsenden Jungtiere, einmal dem Nest entwachsen, sind dann sehr rücksichtsvoll zu den Nestlingen des Familienclans und haben eigene Schlafplätze, auf denen sie sich zusammendrängen.

Neuerdings haben genaue Untersuchungen gezeigt, daß die Jungen, die in vielköpfigen Familien in derartigen Gesellschaftsnestern heranwachsen, eine viel gesündere und schnellere Entwicklung zeigen als jene, die als Einzelwurf aufwachsen. So angepaßt sind also die Mäuse an das Leben in größeren Gemeinschaften.

Selbstverständlich gehören für ein derartiges Leben in Großfamilien auch fein abgestimmte Umgangsformen, damit ein friedliches Zusammenleben gewährleistet wird. Mäuse sind sehr sensible Tiere, die sich leicht aufregen. Ihre Feinfühligkeit erfordert daher keine besonders auffälligen Verhaltensweisen zur Regelung der sozialen Kontakte. Ein leichtes Sträuben der langen Barthaare, eine winzige Veränderung der Lidspalte, eine unmerkliche Ohrbewegung oder eine für unser Auge ebenso schwer erkennbare Veränderung der Körperhaltung genügen, eine Verständigung mit dem jüngeren oder älteren Familienmitglied herbeizuführen.

Unter natürlichen Umständen wird daher eine familienfremde Maus – durch den Fremdgeruch der Gruppe bereits informiert – niemals wagen, dort einzudringen. Ich habe zweimal erlebt, was passiert, wenn man eine fremde Maus in eine Gruppe bringt. Sie wird zuerst umringt und beschnuppert, dann ziehen sich jedoch die Angehörigen der fremden Familie zurück und setzen sich in einiger Entfernung ganz ruhig und abwartend hin. Alle Augen sind auf den unfreiwilligen Eindringling gerichtet.

»Wenn Blicke töten könnten . . .«. Bei Mäusen tun sie es. Der Streß ist für die fremde Einzelmaus derartig groß, daß sie unter ihm zusammenbricht. Sie beginnt zu zittern, fällt um und ist nach längstens dreißig Sekunden tot! Mäuse sind sehr sensibel – ich sagte es schon. Ihr Kreislauf wird in einer solchen Situation durch das Nebennieren-Hormon Adrenalin (beim Menschen ist es nicht anders) derart überbelastet, daß er zusammenbricht. Ähnlich ist das, wenn es zu einer Übervermehrung kommt. Dann hört das schöne Familienleben sehr bald auf; die Tiere »drehen durch«.

Es hat eben alles seine Grenzen – bei Mäusen und bei Menschen.

Weiße Mäuse in Groß

Die kleinen Albinomäuse sind vor allem bei Kindern sehr beliebt, da sie sehr zahm werden und leicht zu halten sind. Allerdings freuen sich die Eltern weniger über derartige Hausgenossen, da sie durch ihre Ausscheidungen sehr schnell riechbar werden. Es »mäuselt« dann im Zimmer. Dagegen hilft nur tägliches Saubermachen, und auch das muß sehr gründlich erfolgen. Die weißen Mäuschen haben unter Schulkindern sehr häufig auch einen gewissen Handelswert, und so bekommt die eine Maus bald eine gegen einen Bleistiftspitzer eingetauschte Partnerin, wobei sich dann auch noch herausstellt, daß die Tierchen unterschiedlichen Geschlechts sind. Es kommt, was kommen muß – drei Wochen später wurden aus zwei Mäusen zehn Mäuse, und ehe man sich recht versieht, wimmeln dreißig oder fünfzig der possierlichen Nager im Behälter umher. Da der Eifer des Säuberns ganz regelhaft mit der Zunahme der Mäuse-Kopfzahl abnimmt, wird das Wort »Geruchsbelästigung« zu einer kaum noch anwendbaren Umschreibung von »Gestank«. Viele Mäusehaltungen enden so, und man kann froh sein, wenn man einen Tierhändler findet, der diesen Segen abnimmt.

Es gibt auch viele Leute, die keine weißen Mäuse mögen. Als ich einmal ein Buch über Heimtierhaltung zu schreiben hatte, wurde viel darüber diskutiert, ob man diese Tiere überhaupt mit aufnehmen sollte. Ziemlich mühsam setzte ich dieses Kapitel durch. Dann erwähnte ich, daß ich in diesem Zusammenhang natürlich auch etwas über die Albinoratten bringen wolle, die viel angenehmer als Mäuse zu halten seien. Da brach ein Sturm der Entrüstung los und man prophezeite, ein solches Buch würde ganz und gar unverkäuflich sein. Ratten – bei diesem Wort allein würde jeder, der das Buch in die Hand nähme, es entsetzt wieder wegstellen! Und gar noch mit Bild, unmöglich. Ich verteidigte meine weißen Ratten wie die Mutter ihr Kind, erzählte von den großen Vorzügen der Haltung, von der hohen Intelligenz dieser Tiere, von den erstaunlichen Dressurversuchen, die man mit ihnen gemacht hatte – es half alles nichts: »Diese schrecklichen Tiere dürften niemals das schöne Buch verderben!«

Eines Tages besuchte mich einer jener Herren vom Verlag, die sich mit Händen und Füßen gegen Ratten zur Wehr gesetzt hatten. In meiner Wohnung lebten damals – die Fische mit eingerechnet – rund achtzig Heimtiere. Wohlwollend wurden sie von jenem Besucher betrachtet, und besonders lieb fand er ein Tier, das ganz frei auf einem Regal lebte. Er streichelte es, war über die große Zutraulichkeit erstaunt, die freundliche Liebenswürdigkeit des hübschen Tiers, kurz: er fand es äußerst anziehend. Nachdem er eine Weile damit gespielt hatte, fragte er geradeheraus, was das denn nun eigentlich für ein Tier sei?

Wenn nicht meine Ohren im Wege gestanden wären, hätten sich meine Mundwinkel am Hinterkopf begegnet. Ich mußte mühsam an mich halten, um nicht vor Lachen aus den Nähten zu platzen. Nachdem ich Luft geholt hatte, beantwortete ich mühsam seine Frage: »Das ist eine weiße Ratte!«

Damit war mein Rattenkapitel gerettet. Sogar ein Porträt wurde mir gestattet. Auf einem Foto kann man übrigens das Gesicht einer Ratte von dem einer Maus kaum unterscheiden. Kein Wunder, sind doch diese Ratten auch nur Mäuse, wenn auch viel größer. Einmal hatte ich eine weibliche Ratte namens Gertrud; sie wohnte tagsüber in der Tasche meines Sporthemdes, wo sie sich offensichtlich sehr wohlfühlte. Wenn sie einmal »mußte«, dann kletterte sie hervor und ließ das Ding herabfallen. Arbeitete ich am Schreibtisch, dann ging sie auch hier ein wenig spazieren, besuchte den bereitgestellten Futternapf oder trank Wasser aus ihrem Schälchen. Danach setzte sie sich hin, um sich gründlich zu säubern. Solche zahmen Ratten lieben es auch, wenn man sie bürstet; dann dehnen und strecken sie sich wohlig und genießen sichtlich die Behandlung.

Ortstreue ist überhaupt eine hervorstechende Eigenschaft dieser Tiere. So wie jene Gertrud mich und meinen Schreibtisch als Lebensraum – als ihre Welt – betrachtete, so lassen sich andere Ratten mühelos an einen bestimmten Platz gewöhnen, den sie niemals verlassen. So lebte bei mir eine Ratte, deren Zuhause eine große fahrbare Kiste war, die sie mit einigen Schildkröten teilte. Stundenlang konnte sie auf dem breiten Rand der Kiste sitzen, um zu dösen, sich zu putzen oder einfach die Gegend zu beobachten. Zum Schlafen hatte sie ein kleines Kistchen in der großen Kiste. Aber sobald sie wach war, bezog sie wieder den Kistenrand, von dem sie eben einen besseren Rundblick hatte. Sie nahm auch Futter mit dorthin. Dabei konnte es vorkommen, daß ein Körnchen auf den Boden fiel. Dann kletterte sie herunter, holte es und kehrte umgehend zurück – es kam ihr gar nicht in den Sinn, ihren Wohnbereich zu verlassen und etwa durch das Zimmer zu laufen.

In dieser Hinsicht also unterscheiden sich die weißen Ratten von den weißen Mäusen, die recht gerne ausreißen, wobei sie allerlei Unfug anrichten können – etwa, indem sie sich im Wäscheschrank aus dessen Inhalt ein hübsches Nestchen zurechtrupfen. Ihr Fleiß, mit dem sie dabei die Wäschestücke in feine Fäden verarbeiten, ist ganz enorm. Aber auch der Bücherschrank bietet hübsche Möglichkeiten, aus den Werken Goethes oder dem Lexikon ein sehr behagliches Nestchen zu fabrizieren.

All das macht eine ordentliche Ratte nicht. Sie begnügt sich mit den Materialien, die man ihr zum Nestbau zur Verfügung stellt, wobei sie mit einer alten Zeitung genauso zufrieden ist wie mit Toilettenpapier. Und noch ein ganz großer Vorteil: Der Geruch ist bei diesen großen Mäusetieren viel weniger intensiv, wenn man nur ein wenig dahinter her ist, den Wohnbereich dieses Heimtieres sauberzuhalten.

Wem die weiße Farbe und die roten Augen einer albinotischen Ratte nicht gefallen, kann sich solche Laborratten in Braun oder Schwarz anschaffen. Sie stammen, wie die Albinos, von der Wanderratte ab und haben auch dieselben Eigenschaften, wie ich sie hier beschrieben habe. Ein wenig lebhafter kommen sie mir bisweilen vor, aber das ist kein Nachteil.

Wer sich kein größeres Tier halten kann oder aus beruflichen Gründen tagsüber außer Haus ist, kann nichts Besseres tun, als sich so eine »Heimratte« anzuschaffen. Natürlich möglichst jung, in einem Alter, in dem sie etwa die Größe einer weißen Maus erreicht hat. Ein Pappkarton oder ein Holzkistchen, gut ausgepolstert, auf einem kleinen Tischchen oder Wandregal, und sie schläft den Tag über bis zur Rückkehr ihres Menschenfreundes. Zufrieden klettert sie auf ihm herum, läßt sich füttern, und wer nur ein wenig Geduld und Geschick hat, kann ihr in den Abendstunden allerlei Kunststückchen beibringen, denn Ratten sind sehr gelehrig und dank ihrer großen Neugierde allem Neuen sehr aufgeschlossen.

Futterautomaten, an denen man einen Hebel bedienen muß oder in die man erst eine Münze einlegen muß, sind für sie gar kein Problem. Dabei können sie sogar aus mehreren unterschiedlichen Münzen die richtige herausfinden. Es muß nur immer eine Belohnung – also Futter – am Ende allen Bemühens stehen, dann werden die unglaublichsten

Dinge gelernt. Der japanische Forscher Lo Seng Tsai, der sich viel damit befaßt hat, brachte es so unter anderem fertig, Ratten dazu zu bringen, einen Abgrund auf einer Schaukel zu überqueren, die sie erst an einem Bindfaden heranholen mußten, oder Wasser mit einer Seilwinde wie aus einem echten Brunnen heraufzuholen.

Ratten können sehr schnell laufen, sie können springen, graben, klettern und schwimmen, und – was ganz entscheidend ist – sie können ihre »Hände« gebrauchen, sie können die Dinge »begreifen«, sitzend in ihren so handähnlichen Vorderpfoten halten. Dabei entwickeln sie weit größere Fähigkeiten als ihre kleineren Vettern, ihr Gehirn ist auch weit besser entwickelt.

In diesem Zusammenhang hatte man auch eine außerordentlich interessante Feststellung gemacht. Man hielt eine Gruppe von Laborratten in einer absolut reizlosen Umwelt, in einem Behälter, in dem nichts war außer dem notwendigen Futter. Eine zweite Gruppe, ebenfalls von ganz klein an zu dem Versuch herangezogen, wuchs in einem Behälter auf, wo sie vielerlei Möglichkeiten hatten, sich zu beschäftigen und mit allerlei Gegenständen zu hantieren. Als die Tiere alt geworden waren, ließ man von dritter Seite die Gehirne dieser beiden Gruppen untersuchen, wobei der damit beauftragte Spezialist nur die Nummern der Tiere hatte, aber nicht wußte, worum es ging. Die Feststellungen des Gehirnfachmannes waren eindeutig: Die Ratten aus jener reizlosen Umwelt hatten kleinere Gehirne als ihre Kollegen, die sich reichlich beschäftigen haben können. Man sieht – Intelligenz muß auch eine Förderung erfahren!

Ratten gehören überhaupt zu den beliebtesten Versuchstieren. Ich will hier nicht von jenen Forschungen sprechen, bei denen Ratten Medikamente erproben oder Operationen über sich ergehen lassen müssen. Das ist weder ein schönes Thema, noch ist es für uns irgendwie ersprießlich, wobei wir hoffen wollen, daß diese Dinge vom Gesetz und seinen Bewahrern in ein erträgliches Maß gebracht werden. Es soll hingegen an jene Versuche gedacht werden, die uns echte Einblicke in Lernbefähigung, Intelligenz oder bestimmte Verhaltensweisen bringen. So die weltberühmten Versuche von Professor Skinner, bei denen die Ratten lernten, bestimmte Umweltreize miteinander zu verknüpfen; etwa das Aufleuchten einer Lampe oder ein Klingelzeichen mit der dadurch angekündigten Futtergabe zu verbinden. Aufgrund solcher und vieler weiterer Versuche gelangte Skinner bis zu schulmäßigen Lernmethoden, die viel von sich reden machten.

Von einem Versuch möchte ich noch berichten, der viele Diskussionen ausgelöst hat, weil sich einige Forscher energisch dagegen wehrten, die Befunde auf den Menschen zu übertragen; etwas, das dem eingefleischten Stolz menschlicher Überheblichkeit halt gar nicht gut gefällt. Menschen mit Tieren – gar noch mit Ratten! – zu vergleichen, ist für viele Leute noch immer undenkbar.

Aber wer nicht will, muß ja nicht. Vielleicht kann er mir andere Erklärungen anbieten. Macht nichts – interessant ist der Versuch doch: Man hat also

Ratten in einem begrenzten Lebensraum ganz hervorragend gefüttert und sie sich nach Belieben vermehren lassen. Das ging eine Weile recht gut. Als es aber zuviele wurden, trat das ein, was wir als »Streß« bezeichnen. Die Tiere wurden zunehmend aggressiv und begannen sich brutal zu bekämpfen. Sie stahlen einander Futter, obgleich genug davon da war. Sie stahlen einander auch Babies und fraßen sie auf. Mütter ließen ihre Kinder im Stich und töteten sie sogar. Kurz und gut, die anfangs so friedliche Gesellschaft wurde in zunehmendem Maße kriminell. Bitte kein Kommentar.

Ein anderer Versuch: In einem Institut war geplant, Revierkämpfe zwischen einander fremden Ratten zu filmen. Eine großartige Anlage wurde aufgebaut. Sie bestand aus zwei riesigen Glaskästen, die nur durch eine Wand getrennt waren. Diese Wand war undurchsichtig und konnte schnell weggezogen werden. In einen Kasten kamen schwarze, in den andern braune Laborratten, und zwar nur Weibchen. Männchen kämpfen nämlich weniger gern. Diese beiden Gruppen lebten hier also einige Zeit voneinander getrennt und wurden an das starke Licht der Filmscheinwerfer gewöhnt. Eines Tages kam der große Augenblick, mit Spannung von allen erwartet. Das Kamerateam stand bereit, und dann wurde die Zwischenwand hochgezogen. Der Kampf konnte beginnen.

Aber er begann nicht. Die Ratten fanden alles wunderbar, beschnupperten einander freundlich und beschlossen, künftig miteinander zu leben.

Sind sie nicht lieb, diese Ratten?

Von den »bösen Hunden«

Es gibt kaum ein friedlicheres und liebenswürdigeres Hundegeschöpf als den Wolf. Erst die Dummheit dämonengläubiger Menschen hat ihm den falschen Ruf einer blutgierigen, menschenmordenden Bestie eingebracht. Abenteuergeschichtenschreiber und Filmemacher bedienen sich gern dieser noch beim »Tiervater« Alfred Brehm vorhandenen Auffassung vom Wolf als einem bösen, menschenreißenden Fabeltier. Wer Wölfe wirklich kennt, ihren fast patriarchalischen Familiensinn erlebt hat und weiß, daß ein schwächliches, meist krankes Stück aus der Herde nur zum eigenen Überleben (und zu nichts anderem!) gerissen wird, dem wird übel, wenn er solche Machwerke liest oder im Film sieht. Es gibt keinen einzigen dokumentarisch belegten Bericht, daß Wölfe in freier Wildbahn einen gesunden Menschen getötet hätten. Wahr ist, daß tote, meist erfrorene Menschen gelegentlich mangels anderer Nahrung gefressen wurden. Wohl erst dann, wenn der menschliche Geruch nicht mehr wahrnehmbar war. Schaut man bei Filmen, in denen menschenmordende Wölfe vorkommen, genauer hin, entdeckt man – vielleicht neben kunstvoll eingeblendeten Wolfsaufnahmen – immer Schäferhunde. Sie müssen die Wolfsrolle spielen, und sie spielen sie recht gut für den, der die Ausbildung des Deutschen Schäferhundes ebensowenig kennt wie die Möglichkeiten, die eine geschickte Regie in Zusammenarbeit mit einem versierten Cutter auszunutzen versteht. Durch solche Filmschnitte wird ein oft überzeugendes Bild infernalischer Bestialität suggeriert.

Die Phantasie des ahnungslosen Zusehers wird angeheizt. Schließlich hat er es ja in der Presse gelesen: Rentner von streunenden Schäferhunden getötet. – Zwölfjähriger von zwei Schäferhündinnen zerrissen. – Sechsjähriger von Schäferhündin durch Kehlbiß getötet. Solche Berichte tauchen immer wieder in den Zeitungen auf, und sie sind – im Gegensatz zu den Wolfsmythen – leider wahr.

»Und es sind immer wieder diese Schäferhunde, die ja ohnehin so wolfsartig aussehen (für den, der keine Wölfe kennt) und von denen man weiß, daß sie »scharf« sind, gefährlich, denn sie jagen Verbrecher und stellen Schmuggler.«

So entsteht die zweite dumme Fabel vom »bösen Wolfshund«, dem Schäferhund. Dabei vergißt man einen wichtigen Umstand: Es werden alltäglich viele Menschen von Hunden gebissen, so viele, daß die Versicherungen ziemlich betrübt sind. Allerdings gibt es bei uns mehr kleine als große Hunde, und die Bisse der kleineren Hunderassen sind ja Gott sei Dank fast nie tödlich. Nur wenn ein großer Hund zubeißt, wird es gelegentlich lebensgefährlich. Unter den großen Rassehunden hierzulande steht jedoch der Deutsche Schäferhund zahlenmäßig an erster Stelle – in weitem Abstand zu allen anderen großen. So vergißt man dann, daß es noch gar nicht so lange her ist, daß eine Deutsche Dogge ein Kind getötet hat. Aber stellen wir uns doch einmal die Frage: Was bewegt einen Hund, seine vom Wolfsahnen her ererbte Friedfertigkeit abzulegen und Menschen so anzugreifen, daß dies in Einzelfällen zum Tod führen kann?

Es ist Tatsache, daß es einen angeborenen Aggressionstrieb gibt (was freilich manche Leute, die sich noch nie die Mühe gemacht haben, Tiere unter natürlichen Lebensbedingungen zu beobachten, abstreiten), der im Zusammenleben mit den Artgenossen durch gruppenbindende und damit aggressionshemmende Verhaltensweisen in die notwendigen Schranken gewiesen wird. Beim Wolf liegt die »Reizschwelle« naturgemäß so, daß sie nur im Extremfall überschritten werden kann und das angeborene Aggressionsverhalten freigibt. In der Natur kommt das wohl nur äußerst selten vor. Anders ist es in Gefangenschaft: Da wird zum Beispiel ein unbeliebter Gehegegenosse durch bestimmte Abwehrdemonstrationen der übrigen Wölfe darauf hingewiesen, daß er unerwünscht sei. Dieser merkt das natürlich und würde sich gern absetzen, kann aber nicht – das Gitter hindert ihn daran. Er muß also gezwungenermaßen in Sichtweite der anderen Wölfe bleiben, die das natürlich nicht so ohne weiteres begreifen. So wird der Ärger aufgestaut, bis es eines Tages zuviel wird und der Artgenosse getötet wird – eine Tötung, die im Freileben nie passiert wäre.

Da haben wir also den einen Grund für Über-Aggression – nämlich gestörte Umweltverhältnisse. Neunzig Prozent aller wie immer gearteten Unfälle mit Hunden sind darauf zurückzuführen. Eine vom Hund nicht verkraftbare Umweltstörung ist zum Beispiel eine Familie, die ihm als Welpen, als Junghund, alles durchgehen ließ; eine Familie, in der es keinen echten »Rudelführer« gibt. Das versetzt ihn in eine Streß-Situation. Irgendeiner muß ja anführen – so hat er es ererbt von seinen Ahnen. Wenn sich von seinen zweibeinigen Artgenossen (er sieht Menschen als solche an) keiner dazu bereitfindet, muß er es also selber tun. Bei einem Pekinesen geht das einigermaßen. Bei einem Bernhardiner, einer Dogge, einem Schäferhund, oder irgend einem anderen Hund dieser Größenordnung wird das freilich problematisch. Mit eineinhalb bis zwei Jahren erwacht nämlich im Hund ein gewisser Führungsanspruch. Hat er einen geeigneten Herrn, wird er dessen Vorrangstellung zufrieden zur Kenntnis nehmen, sonst will er das Kommando übernehmen.

Das Überleben der Wolfsrudel wird auch nur dadurch gewährleistet, daß ein erfahrener Leitwolf, zusammen mit seiner ebenso erfahrenen Wölfin, das Kommando hat. Wer aber will sich schon von seinem Hund beherrschen lassen? Also kommt es zwangsläufig zum Konflikt; denn was Hänschen nicht gelernt hat – nämlich Gefolgschaftstreue zu seinem »Leitbild«, dem großen, überlegenen Idol –, das lernt Hans nimmermehr. Außer man bricht ihm mit Gewalt das »moralische Rückgrat« mit Methoden, die schon altrömische Tierbändiger angewandt hatten. Daß solche gequälte Kreaturen nur darauf warten, ihrem Peiniger zu passender Stunde die Kehle durchzubeißen, liegt auf der Hand.

Bei den restlichen zehn Prozent ist es nicht allein die gestörte Umwelt. Wir wissen auch, daß man Über-Aggression anzüchten kann. Bei solchen Tieren fallen gewisse Aggressionshemmer im angeborenen Verhalten aus, sie haben eine sehr niedrige Reizschwelle und beißen nach allem, was sich ihnen nähert. Wer mit solchen Hunden züchtet, macht sich des vorsätzlichen Mordes schuldig.

Schuldig werden aber auch all jene Eltern, die da glauben, daß man Kinder mit großen Hunden alleinlassen kann. Denn wenn zwei sich fremde Hündinnen einander anfallen, können sie nur von zwei Personen getrennt werden, niemals von einer, wenn es sich um eine größere Rasse handelt. Hätte der arme Junge das gewußt, hätte er nicht eingegriffen und wäre nicht zerfleischt worden. Denn jeder erfahrene Hundezüchter weiß, daß Hündinnen in solchen Augenblicken blind und taub sind und in ihrer Rage nach allem beißen, was sie zwischen die Zähne bekommen können – ihr Schmerzempfinden, ihr Gefühl, ihre Sinne, ihr Verstehen sind in solchen Situationen völlig abgeschaltet. Jene Hündinnen wollten den Jungen nicht töten, sie waren in ihrem Aggressionstrieb nur darauf aus, einander totzubeißen, weil sie konkurrierten.

Man kann sich auch recht gut vorstellen, wie das für eine in »mütterlicher Verantwortung« reagierende Schäferhündin ist, wenn ein stärkerer, revierfremder Junge »ihren« vierjährigen Jungen belästigt – sie reagiert dann einfach »instinktiv« und schützt den Vierjährigen. Sie weiß nichts davon, daß sie dabei den Eltern des Sechsjährigen großes Leid zugefügt hat.

Fazit: Nicht verurteilen, sondern dazulernen und der Natur des Hundes gerecht werden!

Katzen sind besser als ihr Ruf

Ein Volksaberglauben sagt, daß Kater junge Kätzchen fressen. Natürlich: Katzen sind ja bekanntermaßen falsche, hinterlistige Tiere. Jeder weiß das. Zuerst schnurren sie, lassen sich streicheln, und dann – ganz plötzlich – schlagen sie zu. Und erst die schwarzen Katzen, die einem über den Weg laufen – sie bringen Unglück! Eingemauert hat man sie bis in das vorige Jahrhundert. Hundebesitzer machen ihre Hunde »katzenscharf«. Jäger erschießen sie, wo immer sie sie im Revier antreffen. Aberglauben und anderwärtig begründeter Haß gegen Katzen sind im Denken vieler Menschen fest verwurzelt. Man spielt immer wieder aus, daß Katzen Einzelgänger sind, »Herrentiere«, die den Menschen nur neben sich dulden, weil er ihnen da und dort angenehm ist und ihnen Vorteile bietet.

Ich gebe zu – ein ganz klein wenig daran stimmt schon. Sie sind kluge Tiere, die ihren Vorteil zu schätzen wissen. Aber – wer von uns tut das nicht? Was würden wir von einem Menschen halten, der die ihm gebotenen Dinge nicht ausnützt – so wie ich hier, um über meine Tiere das sagen zu können, was ich von ihnen halte?

Ich mußte drei Katzen und einen Kater in einem für ein Katzenpaar berechneten Freizwinger unterbringen. Weil es manchmal aus räumlichen Gründen nicht anders geht, man immer mehr Tiere hat, als man verkraften kann. Dann wurden diese Katzen rollig. Nun, der Kater stand zur Verfügung und tat seine Pflicht. Aber ich mußte mich doch fragen:

Was nun? Wenn alle drei Katzen Junge bekommen – der Kater dabei ist – keine Möglichkeit, die Tiere zu trennen – das kann auf keinen Fall gutgehen! Ich war damals in einer Lage, in der ich nichts anderes tun konnte, als neue Katzenhütten zu basteln. Ich machte vier, in der Hoffnung, daß, wenn jede Katze sich eine Hütte nimmt, der Kater noch die vierte beziehen könne. Vielleicht würde er dann die Jungen nicht fressen. Oder wenigstens: nicht von allen Katzen.

Innerhalb einer Woche warfen alle drei Katzen. Und wo? In der größten der vier Hütten. In einem Nest. Ich wußte nicht, welches Kätzchen zu welcher Mutter gehörte. Fest stand nur der Vater. Der aber wärmte die zwölf Jungen, wenn die Mütter gerade einmal außerhalb der Hütte »zu tun hatten«. Er dachte gar nicht daran, die Kleinen zu fressen. Und die Mütter teilten sich die Arbeit: sie säugten die Kleinen abwechselnd. Die Katze, sonst ein Einzelgänger, ist ein hochsoziales Tier, wenn es nötig ist. Katzen sind wirklich besser als ihr Ruf.

·Wenn das eine Einzelbeobachtung gewesen wäre – hätte ich nach den Ursachen geforscht. Aufgrund dieser Erfahrung habe ich dann jedoch immer die Kater bei den Katzen gelassen. Ich habe viele Fotos von Katern machen können, die bei der Geburt dabei waren, der Katze zärtlich das Gesicht leckten, während sie die Jungen bekam; und ich habe Fotos, die eine Katze zeigen, die sich mit den Vorderpfoten auf den Rücken des ruhig daliegenden Katers stützt und den Hinterleib hochhebt, um das nächste Junge hervorzupressen.

Ist die Katze wirklich ein Einzelgänger? Oder haben wir sie nur aus Verständnislosigkeit zum Einzelgänger gestempelt? Ich halte Katzen seit fünfundzwanzig Jahren. Zwanzig Jahre habe ich sie für Einzelgänger gehalten. Ich habe auch nicht begriffen, was es bedeutete, wenn manche Katzenliebhaber in einer kleinen Wohnung bis zu fünfzig Katzen auf engstem Raum hielten. Ich dachte, daß sie sich dort in einem Dauerstreß befänden, sozusagen mit Magengeschwüren und herzinfarktgefährdet.

Alles falsch. Katzen sind durchaus soziale Tiere, die nur dann Einzelgänger werden, wenn die Ernährungsverhältnisse es erfordern. Wo der Tisch reich gedeckt ist, sind sie genauso sozial wie ein Hund oder ein anderes Rudel- oder Herdentier. Man muß nur einmal erleben, wie so eine Katzengruppe mit ihrem angeborenen Höflichkeitsverhalten mitsammen auskommt. Sie haben Rituale, die höchstens noch von jenen der Japaner übertroffen werden können.

Ich bin aufgrund dieser Erfahrungen der Frage nachgegangen, was nun an dem Gerücht wahr ist, daß Kater Junge fressen. Ich kann es bislang noch nicht mit absoluter Sicherheit sagen. Aber wahrscheinlich ist, daß in jenen Dörfern, wo die Katzen ihre Jungen irgendwo am Dachboden im Heu zur Welt bringen, die dort lebenden Iltisse die Jungen fressen. Denn ich weiß auch von Fällen, wo die Kater – wohlgemerkt, völlig fremde Kater! – jungen Kätzchen Futter brachten.

Also: Sind Katzen nicht doch viel besser als ihr Ruf?

Nachtrag:

Nachdem dieser Aufsatz in einer Wochenzeitung erschienen war, bekam ich einige Zuschriften, die berichteten, daß Kater doch Kätzchen töten.

Die Erklärung ist verhältnismäßig einfach. Jede Tierart hat das Bestreben, die Aufzucht der eigenen Jungen mit allen Mitteln abzusichern. Gerade bei Tieren, die sich von anderen Tieren ernähren, bedingt das, daß ausreichend große Jagdreviere zur Verfügung stehen, die natürlich nicht auch noch von anderen bejagt werden dürfen. Sonst könnte es passieren, daß die eigenen Nachkommen zu kurz kommen. Da es in einem Dorf meist zu viele Katzen gibt, die dann auch noch zumeist um dieselbe Zeit ihre Kätzchen aufziehen, entsteht eine große Nahrungskonkurrenz. Und so mag sich mancher Kater verpflichtet fühlen, eben aus seinem Sozialverhalten heraus, das auf die eigene Familie, die ihm vertraute Katze bezogen ist, fremde Kätzchen zu töten – zur Wahrung der Überlebenschancen der eigenen Nachfahren.

Ein hartes System, zugegeben. Gäbe es das aber nicht, käme es zur Übervermehrung, und dann könnte es sehr leicht passieren, daß keiner der Würfe überleben würde, sondern verhungern müßte. Bei Wildkatzen werden solche Dinge wohl kaum passieren, denn sie haben sich ihre Reviere ausreichend eingeteilt und siedeln nie so dicht wie die vom Menschen beschützten Dorfkatzen. Bei ihnen kommt es dann eben zu solchen streßartigen Erscheinungen, die mit sich bringen, daß fremde Kater Jungkätzchen töten.

Vom Ordnungssinn der Katze

Katzen haben, wie viele andere Tiere, die sich nicht nur horizontal, sondern auch vertikal bewegen, ein sehr ausgeprägtes Empfinden für räumliche Strukturen. Das ist eine Voraussetzung, die unbedingt erforderlich ist, wenn man auf Bäume klettert – und das können Katzen recht gut.

Nun ist es nicht so, daß eine Katze diese dreidimensionale Welt wahllos zur Gänze in Besitz nimmt. In der freien Natur läuft eine Wildkatze – oder streunende Dorfkatze – nicht einfach irgendwo herum, es sei denn, sie wird von »katzenscharfen« Hunden oder anderen Feinden gehetzt. Normalerweise benützt sie sorgfältig erkundete Pfade, wobei sie sogar eine bestimmte zeitliche Ordnung schätzt. Jenen Pfad (oder Wechsel, wie man das nennt) geht sie zu der, einen anderen zu einer anderen Stunde. Ordnung muß eben sein.

Diese Ordnung hat einen doppelten Sinn. Einmal hat die Erfahrung gezeigt, daß zu jenen Stunden, an denen sie einen bestimmten Weg zu einem Akker, wo viele Mäuse sind, erkundet hatte, sich keinerlei Gefahren gezeigt hatten. Diese Erfahrung, einige Male gemacht, gewährt eine gewisse Sicherheit. Also bleiben sie dabei.

Außerdem gibt es ja noch andere Katzen, die auch sich eine gewisse Ordnung angewöhnt haben. Um Ärger mit den anderen Katzen zu vermeiden, bleibt jede bei ihrer zeitlichen Ordnung. Das ermöglicht, daß zwei oder drei Katzen streckenweise denselben Wechsel entlangziehen – nur jede zu einer anderen

Zeit. So kommt man sich nicht unliebsam ins Gehege. Das ist also noch die vierte Dimension in der Welt der Katze – die Zeit.

Ordnung wünscht die Katze schließlich auch noch bei sich selber. Kehrt sie von einem Streifzug nach Hause zurück, hat sie viel zu tun, um mit sich sozusagen »ins Reine zu kommen« – sie säubert sich sorgfältig und anhaltend, ein wahres Ritual vielfältiger Putzhandlungen, das zu stören einer Katze geradezu kriminell erscheint.

Was Wunder, wenn eine Katze auch innerhalb der vier oder mehr Wände ihres Heimes Ordnung wünscht. Zunächst fordert sie einen festen Platz, entweder hoch droben am Schrank, oder noch besser so gestaltet, daß er an die Wohnhöhlen ihrer Wildahnen erinnert. Wer ein solches Schlafhäuschen nicht selber basteln kann oder mag, findet allerlei zweckmäßige Modelle im nächsten Zoogeschäft. Übrigens haben Katzen mitunter recht eigenwillige Vorstellungen von ihrer Behausung. So suchte ich eines Tages verzweifelt nach meiner Katze »Affi«, so genannt, weil sie in ihrer frühen Jugend gewisse Ähnlichkeiten mit einem Äffchen hatte. Da ich in der Nähe einer stark befahrenen Straße wohnte, und Autos vieler Katzen Tod sind, war ich ziemlich verzweifelt. Alles Suchen half nichts – Affi war weg. Eine Stunde später wollte ich einen kleinen Karton wegräumen, der im Arbeitszimmer vergessen worden war. Drei Bücher waren darin gewesen, die ich längst ausgepackt hatte. Aber er war enorm schwer – viel schwerer als jene Bücher. Ich hob den Faltdeckel – da schaute mich Affi dieser

Störung wegen höchst ungehalten an. Wie gesagt – es war ein kleiner Karton, und Affi war eine sehr große Katze. Wenn ich einen Menschen dabei erwischen würde, wie er eine große Katze in einen kleinen Karton sperrt – ich fürchte, das hätte Rechtsfolgen! Aber Affi hatte ihre eigenen Vorstellungen von Bequemlichkeit und Raumstrukturen. Sie liebte kleine Pappkartons, je kleiner um so besser, und sie nahm ersatzweise auch Koffer von Besuchern an, wenn sie offenstanden, und verkroch sich darin so, daß sie ständig Gefahr lief, darin abtransportiert zu werden. Auffallend war das Bestreben, Behältnisse zu erproben, die neu ins Haus gekommen waren – ein Verhalten also, das gar nicht so besonders zum üblichen Ordnungsstreben der Katzen paßte. Aber Ausnahmen bestätigen bekanntlich die Regel. Mindestens ein Tier unter hundert seiner Art benimmt sich anders als die übrigen, und gerade das eine gehört mit Sicherheit einem Leser dieses Büchleins, der mich dann natürlich in einem liebenswerten Brief darüber belehrt, daß ich die Dinge völlig falsch sähe, usw.

Aber bleiben wir bei den neunundneunzig von hundert Katzen. Von ihnen ist zu sagen, daß sie ihr Hauptquartier sehr gern in einem ihnen angebotenen Häuschen oder Korb üblicher Machart aufschlagen, dabei aber auch verlangen, daß dieses seinen festen Platz hat und nicht dauernd hierhin und dorthin gestellt wird. Die meisten Katzen haben es auch gern, wenn dieses »Heim erster Ordnung« möglichst hoch an einem nur ihnen erreichbaren Platz steht.

Man sagt, eine Katze wäre viel mehr an Haus oder Wohnung denn an ihre Betreuer gebunden. Da ist schon etwas Wahres dran, wenngleich es Katzen gibt, die so an »ihrem« Menschen hängen, daß sie ein Wohnungswechsel mit ihm nicht stört. Vor allem dann nicht, wenn auch die vertrauten Möbel mit umziehen. Da bleibt die Welt für sie letztlich doch in Ordnung. Freilich – es macht eben einen Unterschied, ob man als Dorfkatze aus Nützlichkeitsgründen gehalten wird, oder ob sich ein Mensch um die Zuneigung seiner Katze bemüht. Die Dorfkatze läßt die Hausbewohner fortziehen und ist zufrieden, wenn der Neuzuzug ihre bislang gewohnte Ordnung nicht grundsätzlich verändert. Sie betrachtet den Menschen nur als praktisches Lebewesen, das man – mit ein wenig Freundlichkeit – leicht für die eigenen Zwecke nützen kann.

Dazu gehört, daß man sich bei Schlechtwetter in das Haus flüchten kann – Katzen lieben bekanntlich Wärme – und hier dann auch Milch oder anderes Genießbares erhält. Besonders im Winter ist für die Dorfkatze der Mensch recht nützlich, da er heizt. Ofenbank oder Fensterplatz mit Besonnung sind für unsere Katzen eine ausgesprochen geglückte Erfindung des Menschen, von wo man die Welt in Ordnung findet.

Andere bevorzugte Aufenthaltsorte wird sich die Katze selber wählen. Aber zwei weitere Festplätze dürfen wir bestimmen und ihrem Ordnungssinn unterstellen.

Da ist einmal der Platz, an dem die Futterschüssel neben dem Wasser- oder Milchschüsselchen steht.

Natürlich müssen wir hierfür einen aussuchen, an dem sich die Katze ungestört ihrem Mahle hingeben kann. Daß sie dabei auch sehr viel von Ordnung hält, ist bekannt. Ebenso, daß sie auch eine genau festgelegte zeitliche Ordnung wünscht – widrigenfalls sie die gesamte Nachbarschaft durch laute Unmutsbezeugungen davon in Kenntnis setzt, daß wir ihren Zeitsinn und ihre Ordnungsliebe nicht respektieren.

Der zweite Platz ist für das Gegenteil bestimmt. Ich meine jenen Ort, wo die bewußte Schüssel mit geeigneter Einstreu zu stehen hat; und zwar immer ganz frisch und blitzsauber. Ordnung muß sein! Ich habe schon Katzen erlebt, die aus Protest gegen die Unsauberkeit des Menschen, der diese Schüssel nicht gereinigt hatte, mitten auf dem Eßtisch...

Dazu noch ein Wort: Wenn Katzen dieses oder ähnliches tun, obgleich die hierfür bestimmte Schüssel bestens in Ordnung ist, dann stimmt etwas anderes in ihrer Welt nicht. Was das ist, wird ein einigermaßen feinfühliger Mensch bald herausfinden. Und ein anderer sollte sich keine Katze halten!

Es ist nun einmal so: Katzen sind nur dann wirkliche Einzelgänger, wenn sie keinen geeigneten Partner finden. Haben sie den aber, sind sie sehr anhänglich. Doch über allem steht die räumlich-zeitliche Ordnung ganz entscheidend im Vordergrund, und sie ist der Katze viel wichtiger als der Inhalt der Futterschüssel oder gepflegte Partnerbeziehungen.

Kroka, die Nebelkrähe

Rabenvögel sind die intelligentesten Vertreter unserer Vogelwelt und können zu sehr amüsanten Hausgenossen werden. Allerdings braucht man dabei gute, strapazierfähige Nerven. Warum und wieso, will ich am Beispiel Krokas verdeutlichen, einer Nebelkrähe, mit der ich in Norwegen zusammenlebte.

Begegnet bin ich ihr in einem Wald nahe bei Gardamoen. Sie hockte am Fuß eines Baumes und schien mich nicht bemerkt zu haben. So holte ich zunächst meinen Fotoapparat hervor, machte ihn schußbereit und pirschte mich auf etwa zehn Meter heran. Trotz des lauten Klickens blieb der aus der Entfernung erwachsen wirkende Vogel ruhig sitzen. So ging ich vorsichtig etwas näher und schoß ein zweites Bild. Die Krähe blieb sitzen und äugte zu mir. Dann machte ich eine Aufnahme aus fünf Meter Entfernung. Die Krähe blieb.

Nun begriff ich erst, daß es sich um einen zwar weitgehend ausgefiederten, aber noch nicht flüggen Vogel handeln mußte. Es war schon immer mein Wunsch gewesen, eine Krähe zu halten, und so konnte ich der Versuchung nicht widerstehen, sie einzufangen. Vielleicht würde ich ihr damit auch das Leben retten, sagte ich mir gleichzeitig, denn eine Jungkrähe, die so arglos sitzen bleibt, wird doch bestimmt schnell das Opfer eines Wiesels oder Fuchses. Mit einem Satz sprang ich auf sie zu.

Die Nebelkrähe flatterte auf, war aber noch so unbeholfen, daß sie im Gezweig eines Strauches hängenblieb und nun leicht von mir gegriffen werden konnte. Es war kein Problem, sie nach Hause zu tragen. Ich schleppe nämlich immer bei meinen Wald- und Wiesenwanderungen eine mächtige Aktentasche mit, in der Fotozeug und anderes enthalten sind. Ich hängte mir also den Hauptinhalt der Tasche um den Hals, und so fand die Jungkrähe – die sich erstaunlich ruhig ihrem Schicksal ergeben hatte – darin bequem Platz.

Unterwegs traf ich Bekannte und zeigte ihnen den Inhalt meiner Tasche. Einer hielt der Krähe ein Stückchen Brot hin. Sie beäugte es, dann sperrte sie den Schnabel auf und ließ sich füttern. Wir hatten den Eindruck, daß sie von Menschenhand aufgezogen und dann entweder davongelaufen oder ausgesetzt worden war.

Ich montierte in meinem Zimmer in der Ecke eine geeignete Sitzstange und legte den Fußboden darunter mit Zeitungspapier aus. Aber sie wollte da nicht sitzenbleiben und hüpfte und flatterte im ganzen Zimmer umher, wobei sie unerwünschte Spuren hinterließ. So band ich sie mit einer Schnur fest, die so lang war, daß sie auf den Boden herabflattern konnte. Das ging ganz gut, sie lernte schnell die Grenzen ihrer Freiheit kennen. Sie fraß auch weiterhin anstandslos, was ich ihr anbot. Alles deutete darauf hin, daß wir uns anfreunden würden.

Zwei Tage später verlor sie ihre Stimme und brachte nur mehr ein leises, keuchendes Geräusch hervor, das man bei jedem Atemzug hörte. Der Tierarzt gab mir ein Antibiotikum. Am Abend

konnte ich nicht einschlafen – das Keuchen meines Vogels hörte sich bedrohlich an; ich bekam es mit der Angst zu tun.

Wärme und Schlaf sind bewährte Heilmittel – so holte ich Kroka zu mir in das Bett und deckte sie warm zu. Nur der große Schnabel lugte hervor. Und es schien ihr zu gefallen, denn sie äußerte nicht den Wunsch, dieses warme Nest zu verlassen. Geschlafen habe ich wenig in dieser Nacht, zumal sie mein Gesicht als Kopfkissen bevorzugte.

Zwei Tage später war Kroka gesund und ich nahm sie auf kürzere Spaziergänge mit. Sie saß dabei auf meiner Schulter und ich hatte den Eindruck, daß es ihr gut gefiel. Da ich täglich das Bodennest eines Baumpiepers aufsuchte, um die Entwicklung der Jungen zu fotografieren (Pieper und die ihnen nahestehenden Bachstelzen nehmen das nicht übel), mußte ich Kroka auf einem Ast absetzen. Sie blieb stets brav dort sitzen und hüpfte mir sogleich auf die Schulter, wenn ich wieder zurückkam.

Kroka nahm mehr und mehr an meinem Leben teil, und sie freundete sich auch schnell mit Binna, meiner damals dreimonatigen Elchhündin an. Sie konnte nun völlig frei fliegen und machte eifrig Gebrauch davon. Sie entfernte sich jedoch nie vom Hof, sondern beschäftigte sich hier mit den vielen schönen Dingen, die es da zu finden gab. Am Abend kam sie in den Vorraum, wo sie nun einen ihr genehmen Schlafplatz auf einem aufgehängten Heurechen hatte. Als ich mich eines Abends niederlegte, drang ein unangenehmer Geruch in meine Nase. Ahnungsvoll hob ich das Kopfkissen – Kroka hatte darunter schön abgelegenes Hundefutterfleisch versteckt.

Im Verstecken war sie überhaupt ganz groß. Einmal hatte sie eine Pfeife geklaut und unauffindbar versteckt. Etwa eine Woche später klopfte Kroka gegen das Fenster über dem Eßtisch und wollte eingelassen werden. Beim Mittagessen geht das natürlich nicht. Als ihr auch lautes Gezeter nicht half, flog sie weg, kam aber bald wieder und klopfte erneut an das Fenster. Diesmal allerdings nicht mit dem Schnabel, sondern mit dem abmontierten Stiel der Tabakspfeife. Es sah aus, als sollte das ein Angebot sein. Als wir sie dennoch nicht einließen, flog sie samt Pfeifenstiel davon; die Pfeife blieb nun für alle Zeit verschwunden.

Kroka hatte auch ein ausgeprägtes Interesse für meine Mausefallen, die ich auf einer Strecke von zweihundert Metern hinter dem Haus bis zur Uferböschung des Flusses auslegte. Kaum war ich mit der kribbeligen Arbeit fertig – man klemmt sich dabei so leicht die Finger ein – und wieder beim Haus, hörte ich es dreißigmal »Klapp« machen. Meine gute Kroka hatte sich jede Falle genau gemerkt und ging nun von einer zur andern, um sie zuschnappen zu lassen. Nach getaner Arbeit setzte sie sich auf den Gartenzaun und hörte sich gelassen, aber sichtlich interessiert, meine Schimpfkanonade an. Dafür wurde sie nun eingesperrt und durfte das Haus zwei Tage nicht verlassen. Ich mußte meine dreißig Fallen von neuem stellen.

Einmal versuchte ich, Binna das Apportieren beizubringen. Binna sah verständnislos zu und begriff rein gar nichts. Kroka saß am Gartenzaun und besah sich das Spiel. Als ich das Holz zum viertenmal selber geholt hatte, flog sie beim nächsten Mal auf, holte es und brachte es Binna.

Eine halbe Stunde später fraß sie die mühsam gefangenen Elritzen auf. Sie holte sich die Fischchen mit unglaublicher Geschicklichkeit aus der Plastikwanne heraus, und mein armes Krokodil, für das sie bestimmt waren, ging diesmal leer aus.

Gingen wir zu zweit weg, kam Kroka mit. Sie lief und flog abwechselnd, hatte wohl auch viel Spaß an solchen Wanderungen, denn es gab immer wieder etwas Interessantes zu sehen und zu untersuchen. War sie müde, flog sie auf meine Schulter und ließ sich tragen.

Einmal wurde es spät, die Dämmerung brach herein. Wir waren noch rund drei Kilometer vom Haus entfernt. Da flog Kroka auf einen Baum, putzte sich flüchtig und steckte den Kopf unter den Flügel. Schlafenszeit, aus.

Ich rief und lockte, kletterte schließlich auf den Baum. Aber sie flatterte nur auf und wählte einen Schlafplatz am nächsten Baum. Ein anständiger Vogel geht eben zeitgerecht schlafen und treibt sich nicht im Dunkeln umher. Beklommen ging ich nach Hause, voller Sorge, ob ich Kroka wiederfinden würde. Aber um sechs Uhr früh trommelte sie heftig an das Fenster und schrie nach Einlaß.

Ging ich allein fort, saß sie auf meiner Schulter bis vor zur Straße, flog dann auf und kehrte zum Haus zurück. Kam ich wieder nach Hause, flog sie mir sofort bis zur Straße entgegen, setzte sich auf meine Schulter und begann mir alles zu erzählen, was sich so zugetragen hatte. Das ist natürlich Unsinn, es hörte sich aber beinahe so an. Sie hatte eine außerordentlich modulationsfähige Stimme. Und die wohlklingenden Laute, die nichts mit dem üblichen Krähengekrächze zu tun hatten, wurden auch relativ leise vorgebracht: es war, als wollte sie mir das alles ins Ohr sagen.

Wir ritten öfter auf der Koppel umher, um die Pferde ein wenig zu bewegen. Bald hatte Kroka auch an diesem Sport Gefallen gefunden; fast täglich flog sie zu den Pferden, um sich eine Zeitlang umhertragen zu lassen.

Als sie aber verladen werden sollten, um vom Landhaus im Norden wieder zurück nach Gardamoen gefahren zu werden, spielte uns Kroka wieder einen ihrer üblen Streiche. Pferde über die schräge Ebene in ein Transportauto zu bringen, ist ohnehin ein meist recht mühsames Unterfangen. Wenn aber dann noch eine Krähe über der Tür sitzt und mit vollem Stimmaufwand den Pferden »Lebewohl« zuschreit, dann wird das Problem unlösbar. Wir kriegten die Pferde weder in den Wagen noch Kroka von dem hohen Wagendach. Sie wich unseren Stöcken nur geschickt aus, und wenn ein Pferd endlich auf der Einstiegsrampe stand, ging das Geschrei erneut los, und das Pferd scheute hoffnungslos. Zum Glück wurde Kroka einige Stunden später des heiteren Spiels überdrüssig und zog sich tiefbeglückt zu einem Schlummer zurück. Wir konnten die Pferde endlich einladen, obgleich wir noch eine Weile brauchten, die Großköpfe davon zu überzeugen, daß der Rabenvogel nicht mehr auf dem Dach saß.

So wurde es August. Kroka spielte uns noch viele Streiche, aber andererseits war ihre Anhänglichkeit so schön, daß man ihr nicht ernstlich böse sein konnte. Eines Tages tauchte ein Krähenschwarm auf, der sich im benachbarten Auwald aufhielt und von da aus kleinere Streifzüge machte. Kroka schloß sich ihren Artgenossen an. Ich konnte sie genau erkennen, weil sie größer war als die anderen. Ab und zu machte ich mir den Spaß und rief sie. Sofort verließ sie die Gruppe und flog auf meine Schulter. Dann kamen auch die anderen Krähen und schauten aus achtungsvoller Entfernung auf ihren Kumpan, der es mit den Menschen hatte. Es war ein drolliges Bild, wenn ich mit meinem großen Vogel auf der Schulter dastand, und in vier bis fünf Meter Entfernung rings um mich Krähen auf Ästen und Zäunen saßen und mich anstaunten.

Wenn man in so engem Kontakt mit einem Tier lebt und es immer zu sich rufen kann, dann erlebt man einen echten Schock, wenn diese Harmonie eines Morgens urplötzlich aus und vorbei ist.

Wie immer flog Kroka aus ihrer Schlafstube am Morgen zu ihren wilden Freunden, die – was ich nicht so beachtete – diesmal aufgeregter als sonst umherflogen. Die Luft war von Krähenrufen erfüllt, weitere neue Schwärme tauchten auf, und unser Schwarm folgte den anderen. Ich schrie verzweifelt nach Kroka – sie aber hörte und sah mich nicht mehr. Sie folgte dem Ruf ihrer Artgenossen, wohl auch dem Drang, den die Natur zu einem ganz bestimmten Zeitpunkt ausreifen läßt und der die Krähe veranlaßte, mit ihresgleichen fortzuziehen.

Als Biologe weiß man zwar die Erklärung – als Mensch kann man das nicht verstehen. Es ist viel zu traurig, um noch mehr davon zu reden.